皮尔·卡丹传

何艳芬◎著

时代文艺出版社

图书在版编目（CIP）数据

皮尔·卡丹传 / 何艳芬著. —长春：时代文艺出版社，2015.12（2021.3重印）
（世界商业名人传记丛书）

ISBN 978-7-5387-4837-6

Ⅰ. ①皮… Ⅱ. ①何… Ⅲ. ①卡丹，P. – 传记 Ⅳ. ①K835.655.3

中国版本图书馆CIP数据核字（2015）第210423号

出 品 人　陈　琛
责任编辑　闫松莹
助理编辑　孙英起
装帧设计　孙　利
排版制作　隋淑凤

皮尔·卡丹传

何艳芬 著

出版发行 / 时代文艺出版社
地址 / 长春市福祉大路5788号　龙腾国际大厦A座15层　邮编 / 130118
总编办 / 0431-81629751　发行部 / 0431-81629755
官方微博 / weibo.com / tlapress　天猫旗舰店 / sdwycbsgf.tmall.com
印刷 / 三河市嵩川印刷有限公司
开本 / 710mm×1000mm　1 / 16　字数 / 150千字　印张 / 12
版次 / 2015年12月第1版　印次 / 2021年3月第2次印刷　定价 / 36.00元

目录

2005年的4月18日，82岁的皮尔·卡丹，在他位于巴黎北郊新落成的皮尔·卡丹国际创作中心度过了自己55年的职业生涯。55年来，皮尔·卡丹从时装、餐饮到化妆品，构筑起了一个属于自己的商业王国。目前，他在全球98个地区拥有分公司，雇员超过20万人。

他曾风趣地说："我能够喝我自己生产的酒，到我自己的剧院看演出，在我自己的餐馆里就餐，在我自己的酒店里睡觉，穿我自己生产的服装，用我自己品牌的香水……"

对于皮尔·卡丹的成功，狄德罗的话是最好的诠释，他深有感触地说："天才是纯粹的天赋，它产生的作品是在片刻之间完成的。"天赋是人的一种与生俱来、无师自通的素质，它根源于怀孕的母胎。毕加索的眼睛和双手，对线条、色彩和空间就有这种交融感应的天赋潜能。他一旦作画，就得心应手，一挥即成。

人的天赋不是培养出来的，但是可以被挖掘。皮尔·卡丹的天赋领域就是时装设计。他的天赋是在日常生活中被自己偶然发掘的，就在那个阳光明媚的夏日。

巴黎颇有名气的帕坎女式时装店老板，收了皮尔·卡丹做学徒。这是他人生中至关重要的一次转折。因为一部先锋派影片《美女与野兽》中的刺绣丝绒剧装，让他一举成名、轰动巴黎。

时装设计是一门融绘画、雕塑、建筑、数学、伦理学和美学等多种门类于一身的综合艺术。皮尔·卡丹从没受过正规服装方面的培训，但他那简洁精妙的时装设计天赋，却使他无师自通，从构思、创意、剪裁、缝合、款式、风格直到销售，他总是能够得心应手、运用自如。

帕斯卡尔说："心灵交流产生灵感。"灵感是心灵的产物，是人心与天地万物相互感应、相互撞击所迸发的一种启示，一种茅塞顿开、恍然大悟的点拨。世界上许多天才的创造发明无一不是依助于灵感的力量。

由于皮尔·卡丹对时装设计艺术的虔诚追求，由于他超凡入圣的洞察力、高贵典雅的鉴赏力，他的创作灵感源源不断，设计的产品久盛不衰。

皮尔·卡丹最喜欢在孤独、安静的环境下工作，正如他所说："我喜欢孤独，孤独是我创作灵感的源泉，尤其是在夜阑人静的时候。"

在寂静的黑夜中，他先想出一些立体线条，一些活跃在空间的抽象图形：圆的、方的、三角的……他再开灯，用笔把它们画下来。等待造型决定好，他才把模特儿的轮廓套进设计好的服装造型中，就好像将花插入花瓶一样。

皮尔·卡丹是将时装从过去的贵族富豪的专利，变为平民大众也能穿的"成衣大众化"的先驱者；是第一个将传统束身线条服装款式旧观念，发展为追求舒适行动新服装穿着观念的艺术大师；是第一个用他自己的名字命名，将系列服装推销到世界各地的"执照生意大王"。

从20世纪80年代末开始，皮尔·卡丹又以战略家和冒险家的双重胆识把"皮尔·卡丹"带入了有着古老文明的中华大地，成为有史以来第一个在中国大陆举办服装展览会的外国人。

皮尔·卡丹设计的服装，令人们感到惊慕。有人如醉如痴，有人目瞪口呆，甚至连绘画大师毕加索的女儿帕洛玛·毕加索也对他的作品倾心不已。

多年以来，伊朗王后、英国的温莎夫人、日本皇后、美国总统夫人杰奎琳、英国首相撒切尔夫人　她们一直是皮尔·卡丹时装的忠实顾客。

而且，皮尔·卡丹曾三次荣获法国时装设计最高奖——金顶针奖；被法国政府接收为法兰西学院院士；被联合国教科文组织授予名誉大使的称号。

皮尔·卡丹已与法国戴高乐总统、埃菲尔铁塔一起，成了法兰西民族的骄傲。皮尔·卡丹的天赋和勤奋，使他在世界时装设计艺术王国里傲视群雄。

对于自己的成功，皮尔·卡丹在北京的一次演讲中说道："我是一个普通的裁缝师，一根针，一根线，一支笔，伴随着我的艰难奋斗史。"他从一个小裁缝走向亿万富翁，同时创造了一个商业王国的传奇。

第一章　困苦的童年

1. 卖冰的人

1922年7月2日，在意大利著名水城——威尼斯郊外的一户贫苦人家里，伴随着阵阵的啼哭，一名男婴呱呱坠地，他就是皮尔·卡丹。

小卡丹是家中的第7个孩子，当时他们家里已经非常贫困。所以小卡丹的出生并没有给这个家，也没有给父亲带来喜悦。望着这个刚刚出生的、瘦小孱弱的孩子，卡丹的父亲一脸愁容，完全没有初为人父的喜悦。

卡丹的父亲以种植葡萄为生。当时的灌溉条件非常差，种植业都是靠天吃饭。遇到风调雨顺的年头，葡萄的收成会很好，老卡丹把种植的葡萄卖给酿酒商，一家人也就能吃饱肚子。可如果遇到了旱灾或涝灾，葡萄的收成就会非常差，这样一来，全家人都要节衣缩食地过日子，有时还要挨饿受冻。

面对这么多孩子，卡丹的父亲实在不知道该怎样才能养活、该如何才能将他们健康地养育成人。他在心底里更加担忧孩子们将来如何才能摆脱这深重的贫穷。当然，那时的他做梦也不会想到，这个最小的儿子，在未来的几十年里会开创一个世界性的服装王国。

就这样，日子过得越来越艰难。为了一家人能过得好一点，每年到了夏天，卡丹的父亲就忍着刺骨的寒冷到海拔很高的山顶上凿下来一些冰块，然后运到城里卖给大户人家，挣一点小钱来贴补家用。时间久了，城里人都认识了他，称他为"卖冰的人"。

生活过得十分辛苦，但他毫无怨言。令人欣慰的是，一家人身体都很健康。而且孩子们都很懂事，从来不会提什么要求。即使是在挨饿受冻的时候，他们也都会默默地忍耐着，从来没有半句牢骚。

然而令人想不到的是，厄运并没有因此放过这贫穷的一家人。意大利整个国家的局势动荡不安，战争连连。昔日风光旖旎的威尼斯水城，完全变成了硝烟弥漫的战场。战争不仅毁掉了卡丹父亲仅有的葡萄园，也使人们失去了最基本的生存条件。

万般无奈之下，这个贫困的中年意大利农民，带着妻子和7个孩子离开了这片养育他们几代人的土地，背井离乡前往法国。此时才刚满两岁的卡丹，裹着破旧的蓝被罩，被母亲抱着离开了自己的家乡。

离乡途中，他们经过威尼斯河畔停下来，老卡丹深情地望向葡萄园的方向。他望着自己生活过的这片土地，眼前威尼斯的水，依然是那么清澈，水面波光粼粼，而自己却要离开了。老卡丹拿出一块布，沾了沾河水，然后抱起小卡丹，轻轻地擦了擦他的稚嫩的小手和脸蛋。老卡丹心想，从此以后，他可能再也见不到家乡，再也无法使用家乡的水来养育子女了。

一个人可以忍受贫穷和病痛，但是却很难忍受失去自己家乡的痛苦。想到因为战争而被迫背井离乡，接受前方未知的苦难；尤其是想到幼小的孩子们，一向任劳任怨，本分的老卡丹却也是难忍心中的悲痛与茫然，流下了两行滚烫的泪水。

前往法国的路上，随处可见逃难的人。战争一直在持续，在一些充满硝烟味的村庄，时常能看见一些饿死或战死的人。虽然内心充满了恐惧，但卡丹一家人还是坚持往法国走去。经过了半个月的艰难跋涉，他们终于来到了法国东南部的格勒诺布尔。

来到一个人生地不熟的地方，重新安定一家人的生活，远比那风餐露宿的旅途要艰难得多。在威尼斯的时候，卡丹一家人过得就很艰难，又加上一路上历尽搬迁之苦，刚到法国找到安身之所时便已是一贫如洗了。为了填饱一家人的肚子，老卡丹就再也顾不得自己内心的无奈和茫然了，再苦再累也都要继续努力生活。

老卡丹开始重操旧业，他从集市上买了一匹马，每天早上骑着马爬山，到高高的雪山上采下大块的冻冰，然后再运到城里卖给富家大户。经过艰辛的努力，老卡丹挣得的钱勉强能够维持家人的生活。日子过得依然辛苦，但毕竟是新的生活开始了。

老卡丹的工作就像是一出名剧里的主人翁——送冰的人。送冰的人每天忙碌着，为了生活不停地奔波，把山上的冰送进各个家庭。老卡丹也是一样，每次见他那弓着的身影，都会让人想起那句："送冰的人来了。"新的生活就这样在日复一日的忙忙碌碌中进行着。

卡丹的童年是在格勒诺布尔度过的。虽然没有富裕充足的物质，但小卡丹的童年回忆却充满了温馨与美好，和睦的家庭和有趣的生活让他在这里过得很满足。

他难忘同小伙伴们愉快玩耍的美好时光，在广阔无垠的草地上与他们嬉笑打闹、肆意奔跑；也忘不了因不小心弄翻桌上的牛奶而受到母亲的责备，还有父亲每次进门时那为了生计而奔波的疲惫身影。

到了晚上，老卡丹常常独自一人坐在桌前，静静沉思。每当这个时候小卡丹就会依偎在母亲的怀里陪在父亲身边，凝望着窗外繁星闪烁的夜空，在母亲轻柔的歌声里幸福入睡。

2. 第一件小花裙

时间过得飞快，转眼之间，卡丹一家已经在法国度过了5个春秋。这5年来，他们家的生活没有发生太大的改变。虽然老卡丹找到一个比凿冰稍微轻松一点的工作，但挣的钱还是很少，仅仅够养家糊口，小卡丹家的日子依旧过得艰难。

但从小过惯这种苦日子的小卡丹，从来没觉得生活很难过，他反而很喜欢这种日子。因为他们一家人的关系非常好，家庭里充满了温馨。

在这样一个贫寒的家庭里，小卡丹却产生了一个奇特的兴趣：他很喜欢站在橱窗前看服装店里不同样式的服装。

在格勒诺布尔的时候，小卡丹喜欢在街上到处逛，每次看到时装店里款式多样的服装，他总是如痴如醉地停在时装店窗前，久久不肯离开。只是，每次当他在橱窗前眼巴巴地望着里面的时候，他的耳边就会传来一些富家孩子的斥责和嘲讽：

"滚开，穷鬼！你也配看服装？"

"小意大利佬，赶紧回家慢慢攒钱去吧，等你攒的钱够多了，再过来买套艳装送给你的小情人儿，哈哈哈！"

……

然而，小卡丹从不理会这些嘲笑自己的人，他幼小的心中开始产生了一个梦想，而且伴随着这刺耳的嘲讽变得越来越清晰了，"总有一天，我也一定会做出这样的时装，而且会做得比这些时装还要好看很多倍。"

有了梦想的种子，发芽只是迟早的事情。

在一个阳光明媚的夏日，7岁的小卡丹像往常一样，一个人在绿茵茵的空旷草地上玩耍。他一会儿欢快地跑来跑去，一会儿又像个小大人似的双手托腮，静静地坐着。他时而久久地望着远方，时而漫无目的地四周顾盼着，不知道那个充满了奇思妙想的小脑袋在想些什么。

　　突然，一个穿着亮丽的小女孩进入了他的眼帘。只见小女孩手里拿着一个布娃娃，来回摆弄着。小卡丹一眼就被她手里的金发娃娃吸引住了，他慢慢地走到那个小女孩的身边，睁大了眼睛上下打量着那个布娃娃。

　　小卡丹正入神地看着，忽然，就见那个女孩将布娃娃举了起来，撅着嘴生气地对布娃娃说："你真是太难看了，为什么要穿着这么丑的裙子啊。真是越看越讨厌，我再也不想见到你了！"说完她就把布娃娃扔了出去，头也不回地走了。小卡丹虽然不理解小女孩的举动，他的眼睛却一直没从布娃娃身上移开。

　　等小女孩离开后，小卡丹走到布娃娃身边。他小心翼翼地捡起被小女孩扔到地上的布娃娃，将布娃娃抱在怀里仔细地端详起来。的确，娃娃本身很漂亮，可是她的裙子太单调乏味了，难怪小女孩会把她扔了。突然，小卡丹心想："如果我重新缝制一件漂亮的裙子，把布娃娃身上这件难看的裙子换下来，那她一定会变得非常美丽。"

　　小卡丹怜惜地抱着这个因为裙子不好看而被抛弃的布娃娃，满心希望着她的小主人会回心转意，来找布娃娃。他待在原地，一边耐心地等待着小女孩的出现，一边幻想着如果是自己来给布娃娃做裙子，肯定会把她装扮得像鲜花一样绚丽多彩。

　　可是小卡丹一直等到暮色降临，小女孩还是没有出现。于是小卡丹只好把布娃娃抱回了自己的家。

　　"卡丹，你手里拿的布娃娃是谁的？你这孩子，怎么能随便把别人的东西拿回家呢？"妈妈看着卡丹手中的布娃娃，严厉地问道。小卡丹连忙将事情的经过一五一十地讲了，并且十分认真地表示：自己一定要给布娃娃换上一套新的、漂亮的裙子，然后会将它物归原主。妈妈同意了。

吃完了晚饭，小卡丹立即抱着布娃娃跑进妈妈的房间，找出针线篮子。然后，他在篮子里翻了又翻，挑了几块色彩艳丽的碎布，穿针引线，开始为布娃娃缝制新裙子，即使他们家的油灯非常昏暗，也丝毫没有妨碍他的兴致。

有好几次，针尖都把小卡丹的手扎破了，可他丝毫不觉得痛，继续缝缝拆拆，直到自己满意才停手。缝完时已经是深夜了，可看到眼前的布娃娃终于穿上了漂亮的裙子，而且还是自己亲手做的，小卡丹心满意足地笑了。

第二天早上，小卡丹很早就到那块草坪上等布娃娃的主人了。他兴奋地抱着已经焕然一新的布娃娃，想象着小女孩见到这个"新"娃娃的惊喜表情。可过了很久，那女孩却还是没有出现。小卡丹一边怜爱地抚摸洋娃娃的头发，一边想，她会喜欢这个布娃娃吗？还是会像以前那样嫌弃它。

不知不觉，小卡丹已经在这里等了一天了。天快黑的时候，那位小女孩终于出现了。只见她手里又抱着一个新的布娃娃，开开心心地从卡丹对面走过来。这一次是小女孩被吸引住了。当她见到卡丹手上的布娃娃时，眼睛便已经无法从布娃娃身上移开了。她不禁惊讶地叫道："啊，你的布娃娃好漂亮啊，是从哪儿买的？"

"不是啊，这个娃娃是昨天你丢掉的那个啊，你不认得它了吗？"小卡丹答道。

"你骗人，我不相信，我那个娃娃又破又丑，可是你这个娃娃这么漂亮。"小女孩怀疑地说道。

"真的是你的那个布娃娃，我只是给它换上了一个我自己缝的新裙子。"小卡丹笑着说。

"真的吗？"小女孩惊讶地问道。

"当然是真的了，我为什么要骗你呢。为了把它还给你，我已经在这里等你一天了。"小卡丹轻松地说着。

"啊！这裙子好漂亮啊！穿在这个洋娃娃身上真好看！"小女孩兴高采烈地摸着布娃娃的裙子赞叹道。

看着小女孩高兴的样子，小卡丹心里美极了。一个原本已经被抛弃的布娃娃，现在又赢得了主人的喜爱。而这一切的一切，都是因为他缝制的裙子，之前的担心和疲惫都一扫而空了。看着小女孩爱不释手的样子，小卡丹别提多有成就感了。

小女孩儿请求卡丹把布娃娃送给她，如果卡丹愿意，她可以用新买的布娃娃来交换。

小卡丹答应妈妈一定会把布娃娃还给主人，而且自己等了一天也是为了要还布娃娃的。可是此时却很是不舍，这毕竟是自己第一次做的衣服，一晚上的心血啊。可又想到妈妈的教诲，小卡丹还是把布娃娃还给了小女孩儿，和自己的第一次作品告别了。

这件穿在布娃娃身上的裙子，就是卡丹第一次亲自设计完成的作品。这件小花裙也决定了他今后的人生道路。

3. 小有名气的裁缝

在格勒诺布尔生活了6年之后，小卡丹一家迁到了圣莱第昂，那一年，小卡丹8岁，已经到了该上学的年龄。

虽然日子过得不富裕，可小卡丹的父母还是希望孩子们都能好好读书，将来有个好的前途。所以一搬到新地方，父亲就把小卡丹送进了当地的小学读书。

可是，那个布娃娃身上的小花裙出现在小卡丹上学之前，已经深深地占据了他的心，成了他心中的一个梦想，再也抹不掉了。所以，上学后小卡丹一直对读书提不起兴趣来。

不只是小学，甚至整个中学时光里，小卡丹总是因为功课差，经常被法国的一些同学恶意嘲谑为"通心粉、窝囊废！"（通心粉是法国人对意大利人的贬称。）

小卡丹虽然不太在意自己的学习成绩，但同学们这些讥讽的话，还是深深地刺痛了他的自尊心。对于别人的嘲笑，小卡丹没有反唇相讥，而是在心里更坚定了自己的信念——长大后一定要成为一个出色的服装设计师。

小卡丹渐渐长大，投入到服装上的时间也越来越多。不管是上学还是放假，只要一有时间，他就会到各家服装商店的橱窗前，痴迷地看着里面的那些衣服。他不仅注意式样，还时刻观察服装样式的变化，有时还会忍不住走进店里，近距离观察服饰细微的不同，亲手触摸衣服的质感。

和其他进商店买衣服的人不同，小卡丹不买只是看。久而久之，附近服装店的服务员也都认识他了，都知道他是位只看不买的"小顾客"。

看得多了，自然也会有想要买的时候。可是，小卡丹根本没有钱！来到法国后，卡丹的父亲一直是靠卖苦力来辛苦维持家计。虽然孩子们渐渐能帮一些忙了，可贫困似乎一直如影随形，他们家的生活并没有大的改观，始终在贫困中挣扎。小卡丹也在很早的时候就开始打零工，但挣的钱也都拿去贴补家用了。

卡丹一直对学习不感兴趣，时常外出打工就更影响学业了。卡丹14岁那年，父亲的工作日趋惨淡，母亲也病倒了，一家人的日子突然变得更潦倒了。卡丹不得不中途辍学，专心打工。由于心里一直怀着对服装设计的巨大热忱，他到了一家裁缝店里当起了学徒工。

在这家小裁缝店里，卡丹开始了他真正的服装设计生涯。尽管做学徒很辛苦，他的文化水平也比较低，大量的辛苦工作常常使他疲惫不堪，但心中的热忱还是很快就让他忘掉了一切疲累。

他忘情地投入到裁缝工作中去，一有空闲就会观看裁缝师傅剪裁和设计的过程，细心记下每一个步骤、每一处细节，一点一滴地学习和积累设计知识。

卡丹一直非常勤奋，加上在服装方面的天赋，两年后，他的手艺大有长进，甚至已经超过了他的师傅，并在当地小有名气。没几年时间，他就已经完全掌握了师傅们的缝纫功夫，在这家裁缝店的师傅们已经没有能教卡丹手艺的了。

裁缝店的人对卡丹神速的进步感到无比吃惊，而此时的卡丹，也不满足于自己在裁缝店的缝缝剪剪了，他开始留意当时市面上的一些流行款式。卡丹的眼光变得越来越高，等到第三年，市面上的流行款式他都看不上眼了。这时，卡丹决定自己动手设计，创造出更加新颖、更符合人们品位的新式服装。

有时候，他根本不会对一件衣服做太多改动，而只是简单地把衣服的样式稍微改变一下，就会给人焕然一新的感觉。卡丹设计的这些别出心裁的衣服，受到了当地一些有钱人家小姐的青睐，她们还会经常上门请他设计女装。

在各种服装中，卡丹逐渐对舞台服装产生了浓厚的兴趣，舞台服装设计新颖，样式丰富多变。这也可能源于卡丹在中学后期参加校内戏剧演出的缘故。不过他在的小店里收不到这种活儿做，为了研究舞台服装，卡丹找到附近一家剧团。白天，他在裁缝店里工作，到了晚上，他就跑到剧团里充当业余演员，一边演戏，一边仔细观察和学习舞台服装的造型。

舞台服装的夸张炫丽让年轻的卡丹开阔了眼界。在剧团工作期间，他仔细观察各种服装在不同动作和姿势下的变化。美艳的服装在镁光灯的照射下，产生了独特的效果。而当话剧演员穿上它表演的时候，服装就又被赋予了另一种鲜活的生命。

当话剧演员是非常辛苦的工作，但卡丹却毫不在意，因为他最主要的目的是研究各种舞台服装的造型和款式。因为心中有一定要当服装设计师的这份信念，他根本不觉得辛苦。

在舞台上，卡丹被周围的一切深深地迷住了，华丽美好的服装占据了他的整个世界。他深深地感觉到，服装给人的第一印象非常重要。服装产生的感觉是硬性的，它甚至可以改变或保留对一个人的看法。这一点认识也逐渐融入了他日后的创作中。

过了一段时间，本领渐长的卡丹明显感觉到，圣莱第昂已经不能满足他的要求了。在这片狭小的天地里，他无法展翅高飞，更不可能实现自己远大的志向。于是他下定决心，要到服装世界的中心和艺术心脏的巴黎去闯荡。

一天，卡丹对父亲说："我想到巴黎去，一边演戏，一边做舞台服装。我真的很想这样做。只是……我知道若是我走了，家里就少了一个可以帮忙的人。"

父亲沉思了一会儿，回答说："这是一件值得庆幸的事，孩子，不过我拿不出钱来支持你。我就把我那辆老式自行车送给你吧。"

就这样，卡丹带着父亲的希望独自踏上了前往巴黎的道路，踏上了追梦的旅程。

他身无分文，唯一的资产就是他那独特的眼光和对服装的无限热忱。

秋天，圣莱第昂下起了淅淅沥沥的小雨，道路上布满泥泞。一个瘦小的身影，推着一辆破旧的自行车，一步一步地艰难前行着。他就是卡丹，这一年，他17岁；这一年是1939年。

4. 第一站：维希

年轻的卡丹一心想着自己的服装设计梦，以为只要到了巴黎，自己的才华就有机会施展。然而，他却没有具体考虑实际的大环境，选错了进入巴黎的时机。

当卡丹离开家，到了梦想已久的巴黎，看到眼前的一切，瞬间感觉到了绝望。他甚至认为自己是生在了一个不幸的时代，此时又来到一个不幸的城市。

1939年，第二次世界大战拉开了帷幕。当时，巴黎战火纷飞，到处都是断壁残垣，大街小巷站满了荷枪实弹的德国士兵，四下里全是逃难的百姓。卡丹站在巴黎残破的街道上，泪水止不住流了下来，自己千辛万苦来到巴黎，却得到这种结果！只能找个地方暂时安顿下来。

城里的时装店早已关门，战争岁月里，人们只求安保性命，哪里还需要时装啊。不仅如此，残酷的战争还剥夺了人们的自由。一次，卡丹违反了禁宵令，德国士兵把他关进了监牢，一番审查之后，证明卡丹确实不是犹太人，最终才得以释放。

残酷的战争把一切都毁掉了，时装之都变得混乱不堪。卡丹的服装梦也跟着破碎了，他非常恨这场战争，后来他甚至开始憎恨这个世界。梦想一夜之间变成了泡沫，他为自己不幸的命运感到深深的痛惜。

后来，卡丹从巴黎逃了出来，但他并不想这样一无所成地重返圣莱第昂，最后他选择去维希碰碰运气，维希也是法国的一个服装之城，也许他能在那里有新的发展。

当卡丹筋疲力尽、饥肠辘辘地赶到维希时，天已经黑了。战争虽然也波及到了当时的维希，但比起巴黎，维希受到的战争创伤显然要小很多。卡丹决定在这里重新开始，继续学习缝纫技术。

在维希，他没有亲人、没有朋友，身上也已经没有多少钱了，他骑着破自行车在街头巷尾徘徊。好在天无绝人之路，这个追求梦想的年轻人在一家服装店找到了新工作。

那一天，卡丹来到市中心的一家服装店，虽然这个服装店很萧条，门可罗雀，但橱窗里仍然摆着一排排时髦的服装样品，他立刻被吸引住了，趴在窗前静静地观望。

这一刻，卡丹忘了身体的疲累，也忘记了饥饿，甚至忘了这些日子所受的煎熬。他的眼里、心里都只有服装，看到这家店，他好像找到了救命稻草一般，不顾一切地闯进了店里，找到老板，恳求在这里做一名学徒。

老板看着眼前这个狼狈的年轻人，也许是卡丹眼里流露的渴望感动了老板，卡丹得到了一个面试机会。经过面试后，老板发现他不仅有热情，更有天赋，立即录取了他。不过因为战争原因，老板给卡丹开的条件极为苛刻，不仅工资比一般工人少，而且还要经常加班。

在这样动荡不安的时期，能够找到工作已是万幸，所以，尽管条件很苛刻，卡丹还是满心感谢地答应下来，开始了他在维希的服装制作生涯。

然而，来到维希两个月后，卡丹就开始迷茫了。因为他是憧憬着巴黎时装界才离开了自己的家，可如今却要从学徒工开始，现实似乎离梦想越来越远了。真不知道，这样下去自己的梦想还能不能实现，他甚至想到了放弃。

为了能更早施展抱负，卡丹决定另谋出路。他在中学时期参加过学校戏剧社，舞蹈跳得非常好。于是，卡丹决定转行学习舞蹈，他试着给"芭蕾音乐之父"布德里教授写了一封信。

在信中，卡丹诉说了自己的苦闷之情，并问布德里教授自己是否可以当一名舞蹈家。信寄出后，卡丹心里一直非常忐忑，不知道教授会不会回信给自己，每天都在焦急地等待着。

布德里教授是个非常温和的人，他收到信后，马上给卡丹回了一封信。在回信中，教授对卡丹说，学习舞蹈并不是一件简单的事，它既需要天赋，更需要很多资金作为支持，如果没有金钱上的支撑，很难长久地发展下去，劝他不要硬往这条路上挤了。

在信的末尾，教授语重心长地告诉卡丹："如果说，你确实热爱舞蹈，希望终生投身这门艺术。那么你现在可以暂时找一份工作挣钱，等你把温饱问题解决了，以后有机会再学习舞蹈也不迟。"

教授的话让卡丹浮躁的心平静了下来。他开始问自己，到底爱的是舞蹈，还是缝纫？是不是因为遇到了挫折，所以才用舞蹈来逃避？卡丹冷静下来，也振作起来，他打起精神，重新把心思放在了服装上面。

很快，卡丹就熟练地掌握了店里的服装设计和裁剪技术。这家服装店是专门出售男士服装的，和女士服装比起来，男士服装花样少一些，但对服装设计以及面料的要求却比女士服装高很多。在这里，卡丹打下了扎实的基础，3年的历练让他成了该店最好的裁缝。可卡丹的心一直在巴黎，他盼望着战争早点结束，这样他就可以去巴黎大展拳脚了。

转眼间，5年时间过去了。卡丹的服装设计和制作水平有了很大的提高，他已经成为当地最好的裁缝，很多人慕名而来让他制作衣服。但卡丹并没有因此而满足，他一心想着的仍然是巴黎，在那个伟大而又神奇的大都市里，有着他最初就存在的服装之梦。

在5年前，这种想法就已经根深蒂固，可心中坚信的梦想与现实间的极大反差，也时时刻刻困扰着他，面对眼前的这一切，年轻的卡丹有时也会感到无力，心情也会变得很沉重。

一天晚上，卡丹独自一人在酒吧喝酒。当他喝得醉眼朦胧时，一位中年男人走了过来，盯着他看。他抬了抬头，问中年男人："我的样子很滑稽吗？"

卡丹哪里知道，中年男人其实是一位伯爵。伯爵笑着说："孩子，你喝多了，还是早点回家吧，你的父母一定在家里等急了。"卡丹粗暴地拒绝了伯爵的好意，他说："我没有家，我愿意喝多少就喝多少，关你什么事？"

这时，伯爵夫人走到卡丹跟前，眼睛直盯着他身上的衣服，惊叹地问道："孩子，你身上的衣服是在哪儿买的，很时尚啊！"卡丹懒懒地回答："这样的衣服还用去买吗？我随手就能做出来。"

伯爵夫人惊讶极了，她说："孩子，如果真是这样，我可以肯定，用不了多久，你一定会成为服装界的佼佼者，这是命运注定的！我给你介绍一家时装店吧，是我朋友开的，那是巴黎最有名的时装店！"卡丹还没反应过来，夫人已经把写有她好友姓名和住址的纸条塞进了卡丹手里，她的好友就是巴黎帕坎女式时装店经理。

卡丹愣愣地拿着伯爵夫人给自己的纸条，酒意仿佛一下子全醒了。夫人的鼓励与肯定无疑给了他巨大的信心，他知道最合适自己、自己最爱的还是做服装。那一刻，卡丹决定：一定要去巴黎，无论现在的情况如何，自己一定要努力坚持下去，直到让全世界的人都知道自己的名字。

伯爵夫人那肯定的眼神就像一把火，重新点燃了卡丹那日渐冷却的激情，他又振作起来。当一个人在人生的十字路口迷失方向时，正确的办法就是：选择自己最爱的、最让自己迸发激情的那条路，并且一直走下去。

伯爵夫人那句无心的预言，竟激起了卡丹心中的热情。他是苍鹰，而不是雀鸟。当天晚上，卡丹就决定离开这座小城，哪怕头破血流也要到巴黎闯荡。

第二章　名扬巴黎

1. 初露锋芒

1945年，在寒风刺骨的岁末，23岁的卡丹辞去了服装店的工作，毅然离开已经生活了5年的维希。经历了种种艰难，他终于鼓足勇气迈进了梦想中的城市，那个近在咫尺却又远在天涯的巴黎。这个年轻人，带着他在维希攒下的所有积蓄，以及自己对服装的满腔热忱，来到了巴黎街头。

卡丹清楚地记得，那天巴黎的天气分外寒冷。北风呼呼地吹着，刺痛了他的脸颊。他抬头望了望眼前雄伟的埃菲尔铁塔，从口袋里掏出一张纸条，循着伯爵夫人告诉他的姓名和地址，去找帕坎女式时装店，还有纸条上那位住在福布尔·圣奥诺里大街的人。

在巴黎，卡丹更是一个认识的朋友也没有，只能边走边打听帕坎女式时装店的位置。同时，他心里也一直犯着嘀咕：要找的人是什么样子呢，他愿意收留我吗？还有，经历过这样一场残酷的战争，世事沧桑、物是人非，这个人如今是否还住在这里？时装店还在吗？卡丹带着种种疑虑，忐忑不安地顺着街道往前走。

功夫不负有心人，通过不断地向路人打听地址，卡丹终于找到了时装店。在总统府爱丽舍宫对面，就是伯爵夫人介绍给他的帕坎女式时装店。

帕坎女式时装店是一间专门为大剧院设计和缝制戏装的时装店，在巴黎颇有名气。时装店老板是伯爵夫人的好朋友，当他得知卡丹是伯爵夫人介绍过来的后，便亲自接待了卡丹，并马上进行了面试。

似乎面试一开始，老板就被眼前这个年轻人灵巧精湛的技艺征服了。特别是看到卡丹对舞台服装别具一格的设计时，他惊喜之余，更是高兴万分。然后，他又听了听卡丹对服装的看法，觉得这个年轻人很有当服装设计师的潜力，当即就留下了卡丹。

　　在维希蛰伏的5年终究没有白费，它让初到巴黎的卡丹，一开始就站在了巴黎时装的前沿。不仅在巴黎有名的时装店工作，而且还接触了自己最想做的东西——舞台服装设计。一直郁郁不得志的状况顷刻瓦解，卡丹迎来了自己的曙光。他的前途、命运与事业终于要从这里开始了，一颗来自法国乡下的新星就要照亮巴黎乃至世界时装界的夜空。

　　到了日夜向往的巴黎，并且找到了一份满意的工作，卡丹感觉自己就像是游入大海里的鱼儿一样，沉浸在广阔无边的时装海洋里。巴黎大大开阔了卡丹的眼界，他到处结交服装设计师，虚心学习。通过不断地学习与钻研，再加上他本身的深厚服装设计功底，卡丹的技艺有了很大的进步。

　　后来，帕坎时装店已经无法满足卡丹的雄心了，为了进一步发展，卡丹选择投奔当时巴黎著名时装设计大师迪奥尔开设的"新貌"时装店。在那里，卡丹又积累了很多潮流的设计心得，他的设计水平再一次得到飞跃。

　　不久，幸运女神又向他伸出了橄榄枝，为当时一部著名影片《美女与野兽》设计服装。人们也许会惊讶，一个人竟然如此"幸运"，能够得到人们一次又一次的赏识。可若没有那蛰伏5年的经验积累，此时卡丹散发出的光彩或许不会如此灿烂。

　　《美女与野兽》是著名导演让·科克托的最新作品，深受大家喜爱。而卡丹在业界的良好口碑，为他赢得了这次更加充分展示自己的机会。他为参加演出的影星让·马雷精心设计了12套服装。

影片公映后，人们对卡丹设计的服装好评如潮，甚至惊动了整个巴黎时装界。电影《美女与野兽》因为卡丹的服装而别具风采，卡丹也因这部电影在服装界一夜成名。自此之后，人们开始关注这颗服装界冉冉升起的新星。

服装设计是一门融绘画、雕塑、建筑、数学、伦理学和美学等多门技艺于一身的综合艺术。卡丹虽然从没有接受过正规服装学院的培训，但他那丰富精妙的时装设计天赋，却让他无师自通，从构思、创意、剪裁、缝合、款式、风格直到销售，卡丹都能够得心应手。

可是，对艺术的追求是无止境的，卡丹虽然已经小有名气，但他并没有停下前进的步伐，而是向着巴黎时装界更高的目标出发了。

对服装设计的进一步追求，让任何诱惑都不能阻拦卡丹的脚步。所以，卡丹离开了"新貌"时装店，来到了风靡上世纪30年代，当时法国最具权威的时装设计大师——夏帕瑞丽的时装店工作了一段时期，在那里，卡丹迎来了一个新的转折。

2. "母狮"的徒弟

法国巴黎服装界似乎从来不乏人才，特别是在上世纪二三十年代，巴黎时装界里更是群星璀璨。"时装女王"夏奈尔的服装设计风靡了整个20年代，然而到了30年代，时装界崛起了一位新人，使一向自负的夏奈尔也不得不刮目相看，她就是艾尔莎·夏帕瑞丽。

夏帕瑞丽是一名意大利人，1890年9月10日出生于罗马名门世家。夏帕瑞丽家境殷实，她喜爱音乐、诗歌，从小就表现出了过人的艺术天分，而且她极富智慧和创造力，涉猎广泛，学习过哲学、油画和雕塑，上学期间还出版过诗歌集。不仅如此，在年轻时，夏帕瑞丽游历多国，博览群书。她坚强独立的个性与丰富的经历，都为她以后的服装设计灵感提供了优秀的素材。

1927年，夏帕瑞丽只身闯荡巴黎，不久，她结识了很多艺术家，其中包括艺术大师马歇尔·杜尚和曼·雷。最初的时候，她只是简单地为朋友们设计几套服装，然而，由于她出色的审美趣味，她的服装设计充满了艺术气息，很快就获得了大多数人的青睐，服装大师波烈也鼓励她开创自己的服装事业。夏帕瑞丽开始正式踏足巴黎服装业。

于是，在波列的引导和帮助下，夏帕瑞丽试着推出了第一套服装系列——一件黑白套衫，套衫的领线下，绣上了儿童涂鸦式的蝴蝶结。这一设计展出后，整个巴黎时装界都轰动了，《VOGUE》杂志对此评价说："这真是一件美丽的艺术杰作。"

作品的成功发布，让夏帕瑞丽信心大增，她在巴黎开设自己的服装设计沙龙，并且，不久便开始扩大营业规模，服装样式也开始增加。后来，她相继推出了运动系列，包括泳装、滑雪服等。

1929年，夏帕瑞丽的运动服装店开张了。在一次网球锦标赛上，她帮助西班牙女选手设计了一身短裙，样式别具一格，深得运动员和设计师们的喜爱。她也因此在巴黎时装界崭露头角。

20世纪20年代的巴黎服装界，夏奈尔的服装一直是独领风骚。直到进入30年代，夏帕瑞丽用她那艺术家的修养与意大利人的热情，给时装界注入了一股新的风气，让原本充满功能主义的高级时装界变得更加具备艺术气息，也更具现代艺术的美感，从而打破了夏奈尔独占时装天下的局面。

之后，夏帕瑞丽设计的高雅新风格女装，吸引了很多上层贵族妇女。这时，夏奈尔也感受到夏帕瑞丽的威胁。势均力敌的两名女性服装设计师，在设计思想和观念上都有很大不同，渐渐地，两个人之间的竞争竟升级为了互相敌视。然而，时装总是会偏爱新潮，讲究新奇、刺激的夏帕瑞丽，很快就在竞争中占据了上风。

她设计的时装，喜欢使用具有强烈反差感的色彩，而且装饰也十分奇特。夏帕瑞丽的服装与夏奈尔最大的区别在于造型线的不同。夏奈尔的造型线是矩形，而夏帕瑞丽的造型线更注重女性的曲线，用心做到自然美与古典美相结合。夏帕瑞丽最初设计的针织运动服，以及绣有精美花式的西班牙包和黑白礼服，被她自己认为是"一生中最成功的作品"。第一个将拉链应用到时装上的人也是夏帕瑞丽，尽管贵妇淑女对拉链非常陌生，但在夏帕瑞丽的精心设计下，她们还是被征服了。

接着，夏帕瑞丽相继设计了毛线衫、西装、礼服等，不停地尝试创新和改进，她的服装店也在不断壮大。到了20世纪30年代，她的公司每年的盈利已经超过了一亿法郎，公司拥有26个服装工厂以及几千名员工。夏帕瑞丽已经享誉整个法国。

夏帕瑞丽设计出来的服装新奇中带着高雅，有时还会显得怪诞，但从来不会落入俗套。在她的影响下，20世纪30年代的法国人有了全新的形象，满足了人们重新对奢华的渴望以及求变的心理。夏帕瑞丽的事业能够稳步前进，当然并不是依靠"新奇、古怪"哗众取宠，而是因为她的设计既美观，又注重衣服的舒适得体，让人在视觉和触觉上都能有美的感受。

到了20世纪30年代末，夏帕瑞丽的设计重点放在了肩部。她突破传统，设计出了肩部宽厚的男子式女装，这种设计一度成了主流女装。夏帕瑞丽不停地开拓创新，工作中充满了朝气与活力。1938

年2月，她推出新作品"马戏团"系列，该系列被广泛复制、流传。30年代中后期，她成为巴黎时装界最受欢迎的设计师。

在巴黎"雅典娜工作室"里，有600个雇员为夏帕瑞丽加工和接待宾客。虽然，它不算是巴黎最大的工作室，但在当时，它的影响确是最大的。

虽然，20世纪30年代末的西方社会进入了全球性金融危机，经济萧条，世界又笼罩在新的战争阴影里，生活也变得十分单调，但夏帕瑞丽设计的服装却一直深受社会各层人士的喜爱。

第二次世界大战爆发后，法国沦陷，夏帕瑞丽被迫移居美国。在战争结束后，她重新回到巴黎准备振兴服装业，可是，这时夏帕瑞丽已经变得有心无力，没有再设计出令人耳目一新的潮流时装，但作为影响了一个时代的服装设计师来说，沉寂过一段时间后，她的作品更是能提炼出精华。

卡丹来到她的时装店，进一步修习自己的服装技艺。卡丹的成长经历与夏帕瑞丽迥然不同，但后来的成名经历却与她不无相似，而且还青出于蓝胜而于蓝。

卡丹在夏帕瑞丽时装店里，一边工作一边学习。这段经历对卡丹影响很大，因为夏帕瑞丽不仅在服装设计上很有才华，经营公司方面也毫不逊色。这对于一心学习服装设计技术的卡丹日后的发展来说，是个特别的机遇。

一天，时装店里来了一名顾客，顾客十分挑剔，不停地对服装抱怨，负责接待的卡丹有些生气，他不满地唠叨了几句。夏帕瑞丽听说这件事后，愤怒地把卡丹叫来，狠狠地责骂了一顿，然后告诫卡丹以后绝对不能对顾客抱怨。这件事让卡丹明白了顾客的重要性，他一直牢牢地记着这次教训，在自己有了事业后，他也这样教育自己的手下，不能不尊重顾客。不单是这一点，后来卡丹经营公司的很多方法都是学自夏帕瑞丽。

在学习服装设计时，卡丹既用心，又出新，也因此得到了夏帕瑞丽的赞赏。在夏帕瑞丽的细心指点与栽培下，卡丹真正领悟到时装的精髓。这个时期，他蠢蠢欲动，准备向时装界发起挑战。

卡丹没有选择一直留在夏帕瑞丽的时装店，虽然他在这里学到了很多东西，但他更知道，这个水池并不是自己的。他渴望更大的施展空间，一片完全属于自己的天空。

3. 领路人迪奥

从夏帕瑞丽服装店走出来，卡丹开始寻找新的发展之机。不久，他得到一个消息，法国著名服装设计专家迪奥正在招人。卡丹高兴极了，立即去参加应聘。

面试那一天，卡丹穿着一身西装来到迪奥公司门口，深吸一口气，迈步走了进去。很快，他见到了自己心中的偶像——服装设计大师迪奥。卡丹强忍住激动的心情，接受迪奥的面试。迪奥很喜欢眼前的这个小伙子，这也让卡丹有幸成为迪奥的助手。

卡丹在每个地方都会积蓄自己的力量，在迪奥公司也是一样。他跟着迪奥学习服装设计的这几年，对他以后的服装设计的成功起到了不可估量的作用。

1905年，迪奥出生在法国格兰维尔，迪奥家属于中产阶级，家境还算富裕。迪奥的母亲既温和又文静，她的形象对迪奥的服装设计影响很大。迪奥早年创作的作品"新造型"，灵感就是来源于自己的母亲。

在迪奥的印象中，母亲常常是一身紧身胸衣，配上花色的丝绸裙，外面再套上一件合体的上衣。晚上睡觉前，母亲都会吻别他，让母爱的气息伴着儿子入眠，在迪奥的心中留下了最美好的回忆。

进入学校后，迪奥非常喜爱艺术，尤其是绘画，每天最大的兴趣就是拿着画笔创作。可是，迪奥的父亲认为艺术家都是一群放荡不羁的人，他可不希望自己的儿子将来也变成那样。所以，迪奥和父亲之间总是闹矛盾，一个是艺术爱好者，一个秉持着传统的家庭观念，两人谁也不肯相让。最后在母亲不懈的劝解下，父亲终于屈服了，允许迪奥学习绘画。

年轻的时候，迪奥和朋友们开了一个小画廊，得到了毕加索、勃拉克、马蒂斯、贝拉尔和达利等很多著名画家的支持，几个人度过了一段最美好的时光。就像迪奥自己所说："在自由中释放自己的青春，无论是什么事情，都更容易取得成功。"从迪奥的一生来看，确实如此。他笃信天主，认为命运是自己一生中最重要的组成部分，既有好运，也有厄运，而且厄运与好运一样重要。

1930年，迪奥家中发生变故，接连发生很多不幸的事：先是兄弟被一种致命的疾病击倒，然后母亲突然去世，之后父亲在房地产的投资中失利……迪奥家在经历接二连三的打击后变得没落了。

那时，西方世界经历了一场空前的经济浩劫，法国也不例外。时装之都巴黎变得十分萧条，完全失去了往日的光彩。迪奥的父亲、妹妹搬回了诺曼底老家。迫于无奈，迪奥去了苏联，希望能在那里找到精神寄托。等他回来的时候，发现自己的艺术画廊也破产了。

26岁那年，迪奥重新回到巴黎。可是，在巴黎，迪奥没有住处，没有工作，分文没有。后来他还染上重病，在亲人的劝说下，他去西班牙养病。

迪奥再次返回巴黎时，精神状态总算是恢复了一些。他和一位生性乐天的时装设计师让·奥泽恩生活在一起，在奥泽恩的鼓励下，迪奥开始画时装画。很快，迪奥的画就得到了他人的认可，一家报纸出价120法郎，从他手里购买了6幅画。这一刻，迪奥激动不已，因为这是他第一次在时装方面挣了钱。这件事，给迪奥带来了极大的动力，他开始全心投入到时装设计中，努力创作出更优秀的作品。

迪奥工作非常刻苦，同时还抽出时间看书学习。过了几年，他的服装设计变得越来越受欢迎。一次，巴黎著名服装设计师罗伯特·皮戈纳请迪奥设计了一部分女装，迪奥很快就完成了创作，罗伯特非常满意。第二年，他就聘请迪奥为自己公司的专职设计师。

可是，很快不幸又降临了，第二次世界大战爆发，法国也卷入到战争之中。不久战火烧到了巴黎，迪奥只好去往法国南部躲避战争。等战争结束后，迪奥再次回到巴黎，可罗伯特公司早已聘请了别人做设计师。不过，迪奥还是被幸运之神眷顾了，刚进入巴黎，他就遇到了自己事业上的贵人，时装界的老权威——勒隆，一个帮他走向成功的重要人物。

在跟着勒隆学习的几年时间，迪奥不仅设计艺术上有了突飞猛进，还结识了一位未来事业上的重要伙伴，他就是法国纺织业的巨商——马赛·博萨克。迪奥的热忱、真诚和非凡的设计天赋触动了博萨克，他相信迪奥有开创新时代的能力，就帮迪奥买下了蒙田路30号店。于是，迪奥走出勒隆的庇护，开始创造新事业。在迪奥的用心经营下，30号店渐渐有了名气，后来它更名为克里斯蒂恩·迪奥设计室。

在通向成功的道路上，迪奥热情忘我地工作着。他和3个得力助手合作融洽，3位女士帮他管理公司有条不紊地进行着日常工作。

1947年2月12日，迪奥的首次时装发布会"新造型"盛大举行。卡丹也为能参加"新造型"的诞生而感到高兴。那年，他担任迪奥公司的大衣和西服部负责人。

　　迪奥设计出来的"新造型"，造型线非常独特，服装样式给巴黎人带来了一幅久别而熟悉的景象。在时装发布会那天，当迪奥设计的"新造型"出现在舞台上时，观众们纷纷起立，为迪奥迷人的设计而鼓掌。在无尽的掌声和欢呼声中，迪奥感觉到：他成功了！"新造型"赢得了巴黎人的青睐，这一设计很快风靡了巴黎，风靡了法国，进而风靡了整个欧美。"新造型"登上了各个报刊的头版头条。克里斯蒂恩·迪奥在一夜之间成了家喻户晓的时装设计大师。这一年，他42岁。

　　有追捧必然也有毁谤，一些别有用心的人在很多报刊上开始恶毒地批判迪奥。可是不管评价如何，迪奥的"新造型"都成为新的服装潮流，扫除了战争给人们带来的压抑和灰暗的情绪，将快乐和美重新带给了世界。

　　"新造型"的成功让迪奥开始更加放手设计服装，永远追求"新颖"，始终保持旺盛的生命力是他的座右铭。推出"新造型"以后，迪奥并没有沉浸在成功的喜悦中，他继续设计新的服装样式。时代在发展，生活日新月异，迪奥紧紧抓住这一点。他的作品不断在突破，每一次新的设计也总能赢得一片喝彩声。

　　迪奥在设计上虽然不停地推陈出新，但是他的创作风格却始终如一，他所设计的服装始终有着一种女性的典雅美。这种风格是迪奥的创作核心，多年来一直影响着追随者，以及他的继承者。迪奥说："时尚是任何人都无法改变的，每一种时装潮流以及时装的变革，都源自于时装本身。就像现在，女士的服装变得更加女性化一样。我设计的新造型能够得到大家的认可，正是由于现代人审美观的变化。可以说，所谓的时尚，其实是设计师依靠自己敏锐的艺术眼光，对当代流行服装加以解释和分析而已。"

自从迪奥成名后，20世纪就多了一位伟大的时装设计大师。迪奥的成名作"新造型"发布以后，给时装界带来的影响是深刻的。随着他一次次地推出新作品，时装界也在一次次地发生变革。他的设计成为时装界的时尚标杆。每一次，迪奥参与时装发布时，他的作品都会引导时装潮流，即使是一些微小的变化，也会引起时装界不小的轰动。

有人称赞说，在20世纪，迪奥无疑是最为出色的时装天才之一。后来，卡丹能够在这个伟大的服装设计师、整个世界都为之瞩目的迪奥身边工作，更多地接触和了解了时装的内涵。

卡丹在迪奥公司受益匪浅，也许就是因为常常在这样一个服装界泰斗的身边工作，卡丹的服装设计水平也步入了大师水准。跟着迪奥学习的几年里，他的服装设计更加娴熟，作品中融入了"高尚、大方、优雅"的创作理念。另外，卡丹还学到了许多经营公司的经验，他的成功已经成了必然。

卡丹在迪奥的公司待了4年时间，他所做的服装，完全形成了自己独特的设计风格。不久，卡丹也逐渐积累起了名气，成为巴黎时装界一颗耀眼的新星。他隐约感觉到，自己创业的时机已经到来。

4. 一个小铺面

1949年，卡丹终于下定决心，离开了人人羡慕的迪奥公司。从这一刻起，他开始独自建立和发展自己的事业了。这时候，卡丹已经攒下了一些钱，有几个朋友不断劝说他去做投资，最终，他听从了朋友的建议，选择经营一家剧院。

其实，卡丹做出这一选择并没有经过慎重考虑。他单纯地认为，自己不仅能设计戏曲服装，还会演戏，经营一个剧院应该没有问题。但是很多事情做起来和想象中的完全不一样，等卡丹开始明白经营难处的时候，身上的钱差不多已经花完了。

1950年，经营剧院失败的卡丹经过仔细思考，用剩下的全部积蓄在里什庞斯街买下了"帕斯科"缝纫工厂。他还在附近租下一个铺面，开始独立开办属于自己的服装事业：从一个小小的缝纫店老板做起。

对于这个曾经红极一时的时装设计师来说，现在的境遇让他有说不出的苦涩。不过，比起更早以前经历的苦难，这些苦涩根本算不了什么。此时的卡丹，把眼前的困难全当作是历练。他独自一人默默承受着，而事业雄心却丝毫没有减弱。

可以说，卡丹在里什庞斯街开店之前，顶多算得上一名优秀的服装设计师。在这里，这间小小的缝纫店，则是让卡丹演变成世界服装设计巨匠的地方。

卡丹凭借丰富的想象力，设计出许多样式新颖、风格独特的时装。在很短的时间里，他就恢复了元气，挣回了之前损失的钱，裁缝店也开始逐渐做大。

这时，曾经鼓动他办剧院的朋友们看到卡丹很擅长做服装，便劝说他开设巴黎一个戏剧服装公司，卡丹又一次听从了他们的意见。不过这一次，他并不是头脑发热，而是经过深思熟虑后才做的决定。

作为世界时装之都，巴黎从来就不缺乏优秀的设计师。显然，想在巴黎时装业打出自己的名气，并不是一件容易的事。特别是像卡丹这样，没有雄厚的资源，全身的家当就是一间简陋的裁缝店，更是极其困难。但是，卡丹的创业欲望却从来没有消失过。

一次，卡丹在街道上散步。不知不觉间，他走到了一所大学的门口，看着大学生们从校门口进进出出，他突然眼前一亮，一个灵感闪入脑中。大学里的很多女学生虽然只穿了一件普通的连衣裙，但是由于身材苗条，在衣服的衬托下，她们的体态、线条被凸显得十分优美。

卡丹暗自思索：如果她们穿上我设计的时装，一定十分漂亮。于是，他立即联系校方，在学校里选出了几十名美丽的女大学生，组建了一只学生模特表演团队。

1953年，巴黎上演了一场特殊的时装演出。在卡丹的力邀下，各界媒体都来观看这场时装演出。随着旋律的飘荡，一个个年轻美丽的学生模特登上舞台，她们穿着各式各样的服装，给人们带来了耳目一新的感觉。服装色彩鲜艳，拥有法国人独有的浪漫情调，配合学生模特的精彩演出，让卡丹的时装展览会获得了空前成功，几乎巴黎所有的报纸都报道了这次展览会的盛况，之后卡丹公司的订单便像雪片般飞来。

这次独具创意的时装展览会，赢得了所有与会人的心。服装设计师们也对卡丹的作品赞不绝口：这是鬼斧神工之作！卡丹获得了第一次极大意义上的成功。其实，连他自己也没有想到，这个戏剧服装公司，竟然成了以后卡丹帝国的起点。

卡丹的设计主调是"解放自我，追求自我"，这正如他自由的个性一般。1954年，他推出"泡状服"，成功进入巴黎服装顶级设计师的行列，并被同行们竞相效仿；1958年，他设计的"布袋装"更风靡全球。卡丹在设计上追求自我，完全脱离了"迪奥型"造型线款式的束缚，以自己独特的创作思维，设计出让人行动自如，更注重舒适度的轻便式服装。

他认为，服装本身的作用应该在于反映穿着者的个性与气质，所以其他装饰品应尽可能地减少。对于在服装上装饰珠宝，彰显富贵的做法，卡丹深感厌恶。他曾这样评价过繁重的珠宝："那些在身上挂满珠宝的人，就好像把自己所有的存款单贴在自己身上一样俗气。"

卡丹还有一个巨大的优点，就是很善于运用布料。不同的布料都各有特点，卡丹巧妙地运用这些特点，让自己的服装设计艺术更上一层。以前，光泽感强烈的塑肢布料仅仅用来做雨衣、雨鞋，卡丹是第一位把塑肢布料应用于服装上的人。

在服装设计上，卡丹一路领先，花样迭出，首创了几何模样的各种服式。他第一个设计了太空装，第一个创作了"汽油桶线条"的服装设计，风靡全球。他的设计极富流线感，在整个20世纪60年代，他的事业获得了压倒性的胜利，他的设计水平也逐渐攀登上时装界的峰巅。

几十年的服装设计生涯，最让卡丹感到自豪的是他为女士们设计了普及的简洁休闲装。这样的服装不会过时，能适应任何季节。这就使得家庭条件一般的爱美女士能不再受时装的牵制，不必再一个劲儿地赶时髦。所以，在卡丹眼里，服装设计最重要的是风格，无论时装怎样改变，风格是不会发生变化的。卡丹说，自己用了十几年才找出自己的创作风格。每次创作服装样式时，卡丹都是以传统服式为基准，进行革新创作。卡丹认为，自己并非是服装的创作家或发明家，而是一位旧式服装的革新者。

供卡丹参考的服式有很多，有澳洲的民族服式，非洲的传统服式，还有古代俄国的服式都成了卡丹设计时装的样板。在这些旧服式的基础上，他巧妙翻新，设计出别致的、现代化的服式来。这种创作源泉，从设计学院自然是学不来的，只有认真地研究过男装的衣柜后，才能有这样的创作。

他充分考察和利用了男子服装的特点来设计女子服装，如男子穿的运动夹克衫、长裤、礼服、双排扣大衣、轻便上装、针织斜纹西装等等。这些穿着舒服而又不受时间限制的男装式样，如今也已经很自然地挂进女装的衣柜了。

当然，具有男式美的女式服装，并不像它们的设计师所想象的那样始终是普及、时兴的。只要看看如今女青年的衣着就知一二了。卡丹说："女青年完全仿效男青年，这有时的确是很不适宜的。我虽然主张平等，但也反对盲目地追求一式一样。因此，我在设计女装时，总是仔细地考虑服装的细节，如通过褶边或用透明的料子作衬托等来突出女性的美。"

卡丹审时度势，利用当时欧美年轻一代对自由的强烈欲望与要求，果敢地发动了一场服装上的"大革命"，大胆地、不遗余力地表现着自己。

5. 成衣大众化

直到20世纪50年代末，巴黎时装界仍被一片富丽艳亮、珠光宝气所笼罩。时装只是少数贵族和富豪的消费产品，普通大众根本不敢问津。这使得服装市场极其有限，出路也越来越窄。毕竟经济状况决定了人们的消费，而当时的时装价格实在太高了。

或许是受到传统观念的影响，在法国，高级时装属于限制等级、限制顾客的特殊行业，至今巴黎也只有几十家服装企业称得上

"高级时装公司"。在卡丹成名以前，法国各个高级时装公司全部是为上流社会的人服务的，每种样式的服装只生产几套。

显然，这种情况极大地限制了时装的发展，当然也限制了卡丹服装公司的发展。卡丹意识到，高级时装未来的出路只有一条，就是面向普通的消费者，只有扩大消费面，他设计的服装才有可能产生更加普遍、广泛的影响。

二战后的法国，经济迅速复苏，人们的消费水平和消费观念也在逐步提高。越来越多的妇女走出家庭，开始融入社会，整个欧洲的女士服装市场前景一片光明。

卡丹机警地注意到这一变化，他认为，过去的时装时代就要结束，未来的时装，绝对不是仅为少数贵族服务的，大众时装必然取代贵族式时装。清醒地认识到这一点后，卡丹决心向传统观念发起挑战，打破这个只有贵族享有时装的旧习，让时装成为大众消费品。于是，他适时提出了"时装要面向大众"的口号，时装设计的精力更多要放在普通消费者身上，让更多的爱好时装的人买得起、穿得上。

"时装成衣要面向大众"这个口号显然是一个划时代的突破，无论是从对整个社会的影响来看，还是从时装界的革新来看，它都称得上是一个创举。对于法国传统时装业来说，"成衣大众化"无疑将会是一场革命。

卡丹"成衣大众化"口号的提出，不仅是服装界里一种创造性的改革，也是商战中出奇制胜的妙计。"成衣大众化"的意义远远超过了口号本身，它对整个社会的经济发展和消费结构都产生了深远的影响。

卡丹这一口号的提出，还要感谢一家百货公司。几年前，卡丹自己设计了一套红大衣，后来这套大衣由美国梅西百货公司收购。

在卡丹的应允下，百货公司将服装大量生产，以美国中层社会人员买得起的价格出售，获得了很大的成功。卡丹从梅西百货公司成功的例子中得出：如果是自己来完成这个销售过程，那可能是一条极易致富的成功之路。

于是，卡丹开始潜心研究这条路。他首先要考虑的是节约成本，只有衣服制作的成本低了，他才可以卖出适合大众消费的价格。为了解决这个问题，卡丹到布料市场一一比较，选出了几种最便宜的优质布料。

之后，便是与服装制作的厂家合作，为此，卡丹跑遍了整个巴黎，选择了两家最有实力的服装制作厂，与他们签了合同。

最后，他设计了几款简洁的大众时装，并把它们交给服装制作厂，大批量地制成成衣，分送到各大百货商店及销售网点出售。事实证明，卡丹的想法是正确的。因为这种服装，不仅样式美观，而且价格和普通衣服相当。消费者非常喜欢，很快就把这些大众时装抢购一空。

对于大批量生产销售成衣这一做法，同行们议论纷纷。有人说卡丹这是白忙活，等人们的新鲜感一过去，就不会再有人买他的衣服。也有人说卡丹是在自毁设计师的生涯，他的设计水平会不断下降……总之，大多数人是持反对意见。毕竟多年以来，时装一直是属于高等消费品。

卡丹不管旁人的非议，因为他坚信让更多人都穿上时装的想法没有错。事实证明，卡丹相继推出的这些物美价廉的成衣，受到越来越多人的喜爱，时装店天天门庭若市，而那些抱残守缺的同行们此时却是生意冷清、门可罗雀。

看着热销的成衣，卡丹非常欣喜，开始继续创作，制作出一系列气质高雅、质地柔美的成衣。过了不久，他又率先推出了成衣套装。

看着自己设计的一套套成衣被人们抢购，卡丹做了一个大胆的决定，他把自己名字的缩写字母"Pierre Cardin"印在了服装上。他每一次的新尝试，似乎总会马上引来业界人士的一阵非议："皮尔·卡丹真是粗俗！他竟然在服装上印下自己的名字！看着吧，以后再也不会有人买他的衣服……"

可谁也没有想到，这种做法正是卡丹一生中最明智的决定之一。随着成衣的普及，卡丹的名字开始被越来越多的人知道，而"Pierre Cardin"也逐渐成长为了一个著名品牌。

卡丹不断地推陈出新，事业上升的同时，也招致了法国时装界保守同行们的一次猛烈攻击，他们不仅在言语上指责卡丹，说他倒行逆施、有伤风化。而且还有了行为上的扼制，这些目光短浅的同行，竟联手将卡丹赶出了服装业的权威组织"雇主联合会"。

但此时的卡丹并没有感到沮丧，也没有停下创新的步伐，他依然我行我素，继续进行自己的"时装革命"。他说："我已被人骂惯了。我的每一次创新，都被人们抨击得体无完肤。但是，骂我的人，接着就会学我做同样的事。"

保守、落后终究会被历史所淘汰，而进步的洪流是谁也挡不住的。虽然服装业的同行们排挤卡丹，对他施加很大的压力，但是卡丹的事业仍然蒸蒸日上，它在逆境中稳步地成长、发展。在这个年代的巴黎，每个年轻人都喜欢追求独特的个性，张扬自我，所以，他们都会在卡丹的时装店买一套属于自己的服装。

不久，卡丹再次大胆突破，成功设计出新时代的"P"字牌服装。这种服装宽窄长短相宜，给人一种生机勃勃、豪放洒脱之感，服式中体现了飘逸、挺拔和典雅的创作风格。服装刚上架，立即受到社会各阶层人士的喜爱，他们争相前来定制。

随着卡丹的影响越来越大，法国服装业只得把卡丹重新邀请进入"雇主联合会"，并推举他为主席，卡丹成了法国时装界的"先锋"代表人物。而如今法国时装成衣早已风靡世界，成了法兰西文明的一个象征。

对于自己的巨大成就，卡丹也有几分得意。他说："当年，我还在迪奥做设计师的时候，就曾经立下誓言：等到自己创业以后，我设计的服装既能得到温莎公爵夫人的青睐，同时她的侍卫也能够穿在身上。

"为此，我向高档时装贵族化进行了挑战。当我把自己设计的服装推行到各个百货公司时，有很多设计师说，我荒唐的做法会毁了自己，让自己的名字变得惹人厌恶。但事实证明，'成衣大众化'取得了成功，我让时装市场走向了广大群众。"

第三章　设计大师

1. 引领男装风潮

获得成功后的卡丹，开始推出一些独具特色的服装。1958年5月，卡丹第一次向人们展示了自己设计的戏剧服装。这批时装一上市，人们立即疯狂抢购。而没有抢到这批时装的人，甚至天天跑到卡丹的公司要货。这些新设计，不仅吸引了广大的群众，有很多达官贵人、太太小姐们也倾心不已，他们不介意卡丹的门面小，纷纷来店里选购。

如此巨大的轰动效应，让卡丹成为整个巴黎时装界的关注焦点，他的名字开始不断地登上报刊，人们对他的尊重和欢迎程度也越来越高。

一年后，卡丹的第一家大众时装店正式开张，地点在圣君子大街。这家时装店与传统的时装店相比，服务内容和宗旨都没有变，唯一变化的就是服务对象。它不再为少数人服务，而是所有人都可以来这里订购时装。

时装店开业后，卡丹接续推出式样多变、规格各异的流行成衣产品。时装店的生意一直都异常火爆，巴黎大多数喜欢新潮的年轻人都会来这里订购时装。

卡丹设计的时装，敢于打破传统的束缚，式样新奇，色彩艳丽，线条明朗。他设计出来的很多服装样式，都被人们称作当下最具创新、最漂亮、最雅观的时装代表作。在很长一段时间里，卡丹的这种风格引领了整个巴黎时装潮流。

凭借着这种独特的创作风格和丰富的经营经验，卡丹不停地在服装设计和销售领域拓展自己的事业。在充满设计精英和销售大师的巴黎，卡丹以坚强的毅力，开拓出了一片属于自己的市场。

卡丹在巴黎取得成功后，并没有就此停歇。当时，巴黎所有流行的时装，几乎都是专门为女性设计的。而卡丹觉得，时装既然是帮助人们修饰身形的装饰品，那么它不应该仅仅属于女性的世界，男人也应该有自己的时装。如果能够开拓出男人品牌时装，就相当于一下扩大了一半的销售市场。于是，卡丹做了一个惊人的决定，打破高端女时装的统治格局，开始创作男性时装。

可是，在法国时装界，早就形成了一种传统。时装界的大佬们都认为，服装设计师应该为女装服务，如果有人设计了男装，那么他一定会被同行业的人指责为离经叛道的行为，会受到巨大的压力和打击。

似乎法国人认为，从亚当与夏娃生活在一起的第一天起，上帝就把爱美的权力交给了夏娃，让她每天都打扮得美丽动人，而作为男性的亚当，则只能用简单的草皮、兽皮来御寒遮羞。

对于这样的传统，在巴黎时装界闯荡多年的卡丹自然也是非常清楚。但是，这位意大利血统的年轻人却根本不顾虑这些，他一心想着的是要如何创新、如何发展时装事业。在他的头脑中，时装界许多传统都陈腐落后，早就应该被打破了。

而对于时装界来说，设计男装无疑是个很大的突破。强烈的创新欲望，使得卡丹眼中只有这个尚未被开发的领域了，他毫无顾忌地踏足男装领域。不久，他推出了自己设计的系列，那些原本只有女装的橱窗里，陆续加入了新型男装，为时装店添上了一抹阳刚之美。

1959年，卡丹在巴黎举行了一场时装展览会。展览的服装除了女装外，自然少不了卡丹最新推出的男性时装。这一举动让卡丹再次遭到了业内人士的普遍指责，显然，男性时装的设计在巴黎时装界掀起了一场轩然大波。一时间，卡丹成为众矢之的，很多服装厂家都拒绝与他合作，一些时装界权威也开始打压他，卡丹的名誉和财产都遭受了很大的损失。

然而，受到重创的卡丹并没有因此退缩，相反这更激起了他的斗志。他对自己说："男装怎么了？难道男人就不能穿自己喜欢的款式的服装吗？"

对于外界巨大的舆论压力，卡丹选择了完全不予理会，继续专注地设计男装，并聘请了一些身材健美的男士作为男装模特，开展了一系列别开生面的男装时装秀。他坚信，男装的春天一定会到来。

事实证明，卡丹的坚持没有错，没过多久，男装市场就被彻底打开了。很多法国男青年，特别是一些成功人士，他们很喜欢卡丹男装里凸显的阳刚之气。当有人开始穿上卡丹男装后，男装潮流很快就在法国流行开来。

此时，卡丹的男装才得到了业内的认可，好评如潮。更令卡丹欣慰的是，卡丹公司也因此占领了法国男装市场的半壁江山。

1960年，卡丹在巴黎开设了两家相应的时装零售部："亚当"专营男装和"夏娃"高级女装店。男装主要经营领带及束腰大衣，还有运动装，而女装则销售和定做各种女性服饰。

紧接着，卡丹又推出了一个新的服装系列：卡丹童装。他设计出的童装极富幻想力，那一幅幅精美的童装图案，就像是一个个儿童时期的神话，让孩子们迷恋不已。卡丹童装的丰富多彩，很快就取代了旧时单调、平淡的童装样式，而且让一直处于低迷状态的法国童装与高级时装一起走向世界。

这段时间，卡丹的创作才华源源不断地涌出。不久之后，他又推出一系列女士秋季套装。因为这些套装款式新奇、做工精细，很快就成了年轻太太、时髦女士的最爱。而卡丹的名字，也再一次轰动整个巴黎。

在企业管理经营方面，卡丹亦是奇招迭出。首先，他在法国倡导设计师对经销商转让商标，利润提成7%到10%的经营方式。打破了长期以来服装公司自产自销的呆板局面，增加了法国服装业的产量与销售额，也推动了法国经济的发展。

这一新的经营方式，不仅可以让设计师的设计成果在公司内得到承认，而且可以让他们的作品直接转变为金钱帮助社会发展。如今在法国，卡丹创造的经营方式早已被服装公司广泛采用，为法国时装市场的发展做出了巨大贡献。

历史在进步，社会在发展，同时人们的观念意识也在不停地发生变化。每次，卡丹都能准确地捕捉到人们最新的思想，一次又一次地引导着服装的变革。

卡丹先后数次斩获法国时装的最高荣誉奖——金顶针奖。对于时装设计师来说，金顶针奖的意义非同寻常，它就像是电影界的奥斯卡一样，很多人尽其一生也不能得到一次。而卡丹却能获得三次，这既是对他设计才能的肯定，也是对他为服装业做出巨大贡献的表彰。

2. 总统夫人的邀请

20世纪60年代的卡丹，在服装设计上的造诣已经很深厚了。在世界上，他也成为一名家喻户晓的人物。后来，连美国第一夫人杰奎琳·肯尼迪也邀请卡丹帮自己设计服装，她让卡丹带着服装设计图案来到伦敦乔治医院的一间病房，当时她正住在那里。

那天风和日丽，卡丹拎着一个手提箱来到乔治医院，箱子里装满了时装样式的素描。走进杰奎琳的病房，卡丹发现房内挂满了时装素描。显然，这些素描是其他时装设计师的得意作品。

但卡丹并未被他们的设计水平所吓住，在他看来，这些人的功夫下得还不够，因为他所提供的时装样式，远比他们的设计更加精心。而且，在他的时装设计里，还加入了自己对第一夫人这一角色的见解。

这次，卡丹带去的素描全是自己最新创作的，他希望杰奎琳能理解自己的用心，让自己成为她唯一的设计师。但看到那么多设计师的作品，卡丹担心杰奎琳会把其他设计师的设计留下。卡丹打开箱子，先是拿出一张素描，上面画了一件白色的长夜礼服，是为杰奎琳参加庆祝舞会设计的。看到这个时装样式，杰奎琳立即高兴地说："完全满意。"

于是，卡丹开始对这件时装进行详细的描述："这件衣服使用的是一种瑞士双料绸缎，穿上它，会让您显得非常端庄，给人一种洁白无瑕的感觉。而且这种色泽与材料的搭配，还会让您看上去显得很有朝气。"

卡丹所说的一切，刚好符合杰奎琳的意思，她告诉卡丹，自己就是想为白宫制造出一种全新的氛围。20世纪60年代是美国变化最大的一个时代：嬉皮士运动、甲壳虫音乐、反战等等。所有的人都在追求新的生活方式，杰奎琳要引导这一浪潮。她将邀请世界众多伟大的艺术家来白宫做客，把白宫变成一个尊重礼仪和知识的地方。

接下来，卡丹向杰奎琳展示了其余几张素描，她也都表示非常满意。其中一张是为杰奎琳参加总统的就职典礼而设计的礼服：一件纯布料大衣配上没有边沿的圆帽。他解释说："夫人，现在的大多数女性都是穿毛皮大衣，而这件纯布料大衣会让您显得与众不同，充分突出您的气质……"

后来一切果然如卡丹所说，在总统的就职典礼上，当杰奎琳穿着浅黄色的布料大衣，戴着无边女帽出现时，瞬间牵动了所有人的心！从此，这一服装搭配成为一种新的时装潮流。在伦敦的各家店铺里，到处可见这种新型的大衣和无边女帽。短短几天时间，卡丹的新设计就已经挂在了几乎所有服装店的货架上。同时，杰奎琳也成为新闻界争先报道的人物。

看完卡丹设计的时装样式，杰奎琳赞不绝口。随后，她告诉卡丹："你就是我要找的人，来做我的时装设计师吧。"卡丹思考了一会儿，说："我很荣幸能成为您的设计师。但我有个条件，就是我必须是您唯一的设计师。""我需要很多服装，你能单独完成所有的设计吗？"杰奎琳问。卡丹笑着回答："当然可以。"

离开医院后，卡丹跟着护卫来到肯尼迪家中。肯尼迪总统很高兴，他问卡丹："卡丹先生和杰奎琳谈得怎么样？"卡丹回答："非常好，她已经同意让我为她设计所有服装，相信以后我们会有更多的机会合作。"

而当卡丹真正开始工作的时候，才认识到这个任务有多么艰巨。他必须把自己所有的心思全放在上面，全力以赴地为杰奎琳设计、赶制各类时装。虽然所付的代价很昂贵，但这为卡丹带来的荣誉和挑战，也是绝对值得他这么做的。

卡丹面临的第一个问题是：必须迅速建立一个完整的服装制作机构，需要雇用领班、面料采购员、裁剪师以及制作样品服装的缝纫工等。卡丹在寻找这些人的同时，也联系了自己的助理凯·麦克高温，让他在华盛顿安排模特试穿新时装，并充当杰奎琳和自己之间的联络员。卡丹还找了一名合作伙伴，帮助自己在法国和意大利寻找最好的织物。

在最初的几周时间，卡丹非常繁忙。而且，杰奎琳经常打电话催促，要求卡丹尽快设计出新的时装，她需要不同的着装来参加各种会议。杰奎琳对新时装的要求始终很迫切，这让卡丹一直感觉到压力很大，他认为接受这个工作以来，自己从来没有真正赶上杰奎琳的要求。

第一年，卡丹为杰奎琳赶制出了一百多套的服装。在肯尼迪担任总统的那几年时间里，卡丹一共给杰奎琳做了四百多套服装。为了这些服装，卡丹几乎每天都处在思考新设计、赶制新服装中。

随着时间的推移，卡丹和杰奎琳之间也逐渐产生了深厚的友谊。在她眼里，他们不再是工作上的合作关系，而是一对好朋友。有一次，杰奎琳到国外访问，访问结束后，她特地向卡丹发了一份感谢电：卡丹先生，你设计的服装实在太棒了！真是帮了我的大忙。它们既漂亮又合体，每一件都可以称得上是杰作。

过了一段时间，卡丹完全熟悉了总统夫人的服装样式后，开始尝试着在杰奎琳的服装设计上做一些大胆的突破。由于卡丹和肯尼迪夫妇的交往更加深入，卡丹认为他们能够理解自己的用意。

一天，卡丹带了一件礼服给杰奎琳看，是一件单肩夜礼服，有一个肩膀是裸露的。杰奎琳非常喜欢，但她却认为自己不能穿。杰奎琳告诉卡丹："我认为肯尼迪不会允许我穿这种样式，这可能有些太过了。如果你还想设计这种样式的话，那必须和肯尼迪谈谈。"卡丹同意了。

于是，他坐车来到了肯尼迪家里。见到肯尼迪后，卡丹开始给他讲从古至今服装所起的主要作用："在古代，一般都是首先由皇后确定要穿什么样式的服装，然后在她的引领下，臣民们也都穿这样的服装，这是皇后的一种基本职能。如果您的夫人能在这方面引领一个新的潮流，您应该知道，这对您来说有多么重要的价值。"肯尼迪不由得点了点头。

卡丹接着又说："一个人穿的衣服看上去是否轻浮，那要看是什么情况下。一个成为潮流的时装，不会被任何人轻视的。其实在三千多年前，埃及人还认为这种服装很保守呢！"

肯尼迪听完之后再次点了点头，他笑着说："卡丹先生，你说得对，我们确实不应该被一些狭隘的观念束缚了自己。"他允许卡丹为杰奎琳进行一些大胆的设计。

卡丹和肯尼迪的关系一直很融洽。肯尼迪非常欣赏卡丹的观念与见解，卡丹也十分喜欢肯尼迪的睿智与温和，他们经常在一起谈论各方面的问题。

肯尼迪经常评价卡丹的服装设计，而聪明的卡丹也总是会制造一些机会，让他对自己的服装进行评论。有一次，卡丹特意下身穿上法兰绒裤子，上身穿着毛绒的衬衫，还戴着一个红领带，让肯尼迪好对自己的装扮做一番评价。

卡丹曾告诉肯尼迪，在穿着上只要我们拥有创新的精神，就能真正体会时装的魅力，肯尼迪也很赞成这一观点。后来卡丹说到肯尼迪，他不禁赞叹道："这个世纪，在时装领域内第一个慧眼识物的人，就是温莎公爵，而排在第二位的，便是肯尼迪总统。"

3. 米海依的迷恋

整个20世纪60年代，喜欢卡丹时装的不仅仅有总统夫人，几乎在各行各业里，都有迷恋卡丹时装的人，其中不乏各种影视巨星。米海依·马蒂厄是一位著名女歌星，她就非常喜爱卡丹时装。米海依说，她的成功除了努力和天赋外，也与卡丹时装有着很重要的关系。

米海依出生于法国，她在成为一名歌星的同时，也深深地爱上了卡丹时装。她感觉卡丹能把一种精神和风格融入时装里，这正是她一直追求的目标，她想要在歌声里唱出自己的情感，让大家在她的歌声里读懂她。

米海依决定向设计大师卡丹请教，但她在时装界没有朋友，几经周折，她才终于见到了卡丹。在看到卡丹的第一眼，米海依就被卡丹的气质吸引。接触一段时间后，她发现卡丹不但是一位善于设计的服装大师，更是一位生活精彩绝伦、说话富有哲理的人生导师。而卡丹也很喜欢米海依所散发出来的那种朝气与活力，两个人很快就成了好朋友。

在米海依眼中，卡丹像是一位和蔼可亲的长辈，常常对她嘘寒问暖。有时候他会和米海依讨论服装上的问题，也经常为米海依设计新颖的时装样式。对于卡丹设计的时装，米海依一直都爱不释手，后来，她每次都会穿着卡丹的新时装进行演出。

从观众异常高涨的欢呼声中米海依能感受到，似乎大家更喜欢她了。显然卡丹时装给她提供了很大的帮助，如果不是穿着卡丹时装，恐怕观众们的热情远远达不到现在的程度。

有了卡丹的帮助，米海依的演艺生涯如虎添翼。后来，哥伦比亚广播电视公司邀请她参加周末的歌曲演出。这个公司是美国最受欢迎的传媒之一，特别是到了周末，会有几千万人观看现场直播，这可是一个扬名世界的难得机会。

卡丹知道这件事后，专门给米海依设计了一套红色直角连衣裙。当她穿着连衣裙开始在舞台上放声歌唱时，所有人都被她迷住了，甚至连电视台的工作人员都忘了手里的工作，在那里聚精会神地看着、听着，他们惊叹道："这一切都像是童话故事一样：伴随着美妙的歌声，一位动人的姑娘，身着美丽的衣服在舞台上翩翩起舞。"

大约过了两周，整个美洲都被米海依轰动了，大家都开始热情、疯狂地追捧米海依。而一直住在巴黎的卡丹知道了，他也非常高兴，准备发电祝贺米海依。这时，却突然接到了米海依给他打来的电话："太谢谢您了！卡丹先生，"米海依兴奋地告诉他，"穿上您设计的服装，我受到了大家前所未有的热烈欢迎。如果没有您的帮助，无论我再怎么努力，也不可能取得这种成果。"

随后，米海依开始前往欧洲。在她到达的国家里，人们都给予了热烈欢迎。因为大家不仅可以听到米海依优美的歌声，还能欣赏到时装大师皮尔·卡丹设计的新作，这一切都值得他们参加米海依的演唱会。

几个月之后，米海依回到美国，在好莱坞开了一场个人演唱会。那里的听众都是电视界和音乐界的著名人物，而在那里演出的歌星，也都是红极一时的大歌星。米海依穿着卡丹设计的新时装出现在舞台上，从唱完第一首歌后，台下的欢呼和鼓掌声就没有停止过。

　　第二天，美国著名新闻编辑柯带莱先生发表了这样一条评论："米海依·马蒂厄是一名歌唱天才！在皮尔·卡丹时装的衬托下，终于成长为了一颗耀眼的明星。"

　　1967年，米海依来到比利时，在巡回演唱会结束之后，比利时公主帕奥拉带着她去看望身患残疾的儿童。有很多孩子坐着轮椅来到大厅欢迎米海依，米海依非常同情他们，于是她决定在大厅里为孩子们举行一场音乐会。

　　音乐会开始后，米海依穿着一件白色绒毛连衣裙从天而降，就像美丽的天使一样。孩子们都睁大双眼盯着米海依，脸上写满了惊奇与兴奋。每一首歌唱完，他们都热烈地鼓掌、尽情地欢呼。而她每唱一首歌就换一件卡丹设计的服装，她觉得穿上这些美丽服装，自己可以给孩子们带来更多的希望和欢乐。

　　自从成为著名歌星后，米海依需要到世界各地进行巡回演出，当然也需要更多种类的新服装。她不得不更加频繁地和卡丹联系，希望他能为自己设计新服装。卡丹很乐意帮助她，在卡丹看来，米海依既是自己的朋友，又是自己的孩子。看着她的事业蒸蒸日上，卡丹也十分高兴。

　　在仔细了解了米海依的巡回演出的路程以后，卡丹开始针对不同国家、不同种族为她设计各色各样的时装。所以尽管米海依去了世界上很多国家，但她一直都能听到别人对自己着装的称赞。她不由得更加尊敬卡丹，深深地被卡丹在服装上的才华所折服。

　　卡丹一直住在巴黎，所以米海依每次演出回国后，都会去看望他。米海依曾说过，除了家人以外，卡丹就是她最亲的亲人。来到卡丹家里，她感觉就像是到了自己家一样，能够感受到一种特殊的温暖与安心。见到卡丹，这种温馨变得更加强烈。她和卡丹之间总是有说不完的话，有时候他们甚至能聊上一整天。

后来，米海依在法国举办演唱会，演唱会结束后，卡丹在一家酒店里为她准备了一个热闹的庆祝宴会，宴会邀请了很多法国著名影星和歌星。卡丹告诉米海依，他一直没时间到国外为她庆祝成功，这次她的演唱会在法国，自己不能再错过了。

在宴会开始的时候，米海依穿着一件漂亮的礼服来到卡丹面前，她拉着卡丹的手来到宴会舞台上，对人们说："请允许我为卡丹先生和他的时装献上一首歌。"于是所有人都安静下来，整个大厅里只剩下了婉转、动听的歌声，米海依用美妙的音律表达了自己对卡丹的尊敬与爱戴。歌曲结束时，看着自己眼前的时装界大师，米海依不禁眼睛湿润了。

卡丹为米海依设计的时装，让她无论走到哪里，都会得到人们的称赞。即便是一些商业大亨和皇室贵妇，也对她身上的卡丹时装赞叹不已。米海依做歌星的那段历程，一直都是卡丹为她设计服装。她走到哪里，就把卡丹时装带到哪里，可以这么说：有多少人迷恋上了米海依，就有多少人迷恋上了卡丹时装。米海依所拥有的各种气质，其实也是卡丹时装所蕴含的精神。

一位法国著名评论家曾这样说过：如果说米海依·马蒂厄的歌声是音乐之神的杰作，那么她在舞台上的出色表现就是时装大师皮尔·卡丹的杰作。

4. 设计师与时装

无论何时，卡丹一直都很关注社会的变迁，这也让他总能看到最时髦、最前卫的事物，并把它们融入到自己的作品里。想要成为一位时装大师，除了要具有独特的思想、强大的创造力外，还要具有敏锐的观察力。思想和创造是一种天分，而观察则需要多加锻炼了。

无论是谁都不可能凭空创造出时装来，时装讲究的就是一个"新"字。看不到服装未来的发展方向，没有目标，即使是天赋再高，创造力发挥不了作用，想制作出优秀的时装也只能是空谈。

时装其实就是设计师们以特有的方式，把当时的社会、艺术潮流通过服装表现出来而已。谁能够更准确地把握时代潮流，并把它淋漓尽致地展现出来，那么他设计的时装就会在时装行业占得一席之地。

每个时装公司都有自己的设计师，时装公司能否成功，很大一部分原因都是取决于公司设计师的优劣。只有具有创造性的想象力和准确把握未来发展方向的设计师，才能把服式的设计与艺术、美学与时代的走向结合起来，创作出最佳的作品。

设计师们每年都会设计出自己的时装式样，然后在一些时装展览会上展出。只要他们的作品受到了大家的欢迎，他们所在的时装公司也会因此收获巨大的利益。对于时装公司来说，设计师绘制出来的服装草图要远比缝针重要得多。

然而设计师创作时装并不完全取决于他自己，时装公司里的服装技工同样具有很重要的作用。毕竟设计师只能根据想象，设计出服装的大致样式，而服装制作过程中的很多细节，还是由技工来决定。

因此，所有的时装公司都非常注重服装技工的培养。想要做一名服装技工，需要先到时装工厂里做学徒，一边参加公司里举办的学习班学习，一边在工厂里积累工作经验；通过两年时间的学习，取得服装技师的资格证书后，继续留在工厂里做老技工的副手，时间是一年。这是非常关键的时期，是锻炼一个技工领悟能力的重要阶段。等这一阶段完成后，就可以在时装公司里做服装技工了。

设计师把时装的图样设计出来后，先由服装技工按照设计图用普通布料来做，通过和设计师沟通完成时装的修改；然后用指定的布料缝制出来，再经过设计师的严格审查进行修改；最后把成品交给公司的高级职员审核，通过之后才能上时装展。

即使像卡丹也一样，既是设计师又是公司领导人也要遵循这一步骤。只有在设计师与服装技工通力合作下，才能做出一款精美的时装。

在卡丹的公司里，帮助卡丹制作服装的几个技工，全是国际技术水平。每次他们都能很好地领悟卡丹的想法，根据卡丹设计的图纸，帮他制作出最令人满意的服装。如果服装样式有需要改动的地方，他们也都能及时、准确地反映给卡丹，让他把自己的作品修改得更加完美。

时装公司也分为不同等级，高等级的时装公司不仅拥有良好的名声，也更容易获得高额利润。而提高时装公司等级的最佳办法，就是制作出别出心裁的时装，得到更多人的喜爱。为了达到这一目的，有很多时装公司甚至不惜窃取别人的成果，抄袭其他公司的设计。

整个20世纪60年代，卡丹一直是时装界的领军人物。所以每次他制作出新的时装后，市场上很快就出现相似的仿品，而且屡禁不止。但是，卡丹从来不会在乎这些事情，作为一个时装大师，他相信自己能创作出更多更好的作品。

1965年，时装业公会成立后，开始保护时装设计师的权益。他们给时装行业制定了一系列的规章制度，把时装设计师的作品当作一种艺术品，规定时装创作受到文艺著作权的保护。同时时装业公会也规定了时装的展出流程，允许媒体可以在时装展出一个月后发表时装照片，方便大家能够知道时装公司即将销售的时装式样。

如果服装生产公司对某些时装式样感兴趣，他们可以从时装公司购买时装样式的图纸，然后制作成服装。没有时装设计师的允许，服装生产公司不能擅自对服装做改动，也不能把时装设计图泄露给别的公司，并且生产的服装只能在自己所在的国家销售。

以前没有这些规定，主要因为长期以来，时装都只是上层社会极小一部分人消费的奢侈品。在18世纪，女裁缝贝丹开了一家时装店，专门为王后玛丽·安多纳德制作衣服，它制作的服装虽然很漂亮，但也仅仅是流行在欧洲各国的王室之中。即使被抄袭了，也没有多大的利益损失。

后来，在卡丹的倡导下，时装开始与社会中的各类人群相接触，这也让时装业得到了进一步的发展。随着越来越多的人购买时装，时装也走到了一个崭新的时代。即使在一些高级时装公司中，现成时装的制作也变得越来越重要了，他们组织公司生产大量的现成时装，供应给普通顾客。如果这时候有别的公司盗用他们的服装样式，利益损失可就大了。

在设计大众时装时，卡丹每次都是先设计出高级时装，然后从中挑选出一些符合大众消费的时装。对卡丹来说，高级时装是他设计大众化时装的一个平台。等所有的设计完成，就可以投入生产了。一般的时装公司都会把时装样式交给服装厂商生产，自己公司派几个人进行监督和指导。当服装正式投入生产后，时装公司向服装厂商收取一定的提成。

然而卡丹并没有这么做，他更愿意建立一个自己的生产工厂，从设计到制作，再到生产，完全由自己的公司来做。卡丹觉得，这样一是可以让公司获得更多的利益，二是他们更容易应对时装生产过程中出现的问题。但后来随着现成时装的需求量的逐渐增加，卡丹也不得不把时装的部分生产权交给服装公司。

为了能让人们了解时装的动向，公司每年都有两次时装展出，分别在4月和6月。而在时装之都巴黎，每年都会举行一次国际时装展览会。在这个展览会上，所有时装公司都会展出自己最好的时装，把公司的未来呈现给大家。

这些服装展览会，给法国带来了巨大的经济效益。法国的时装业在国民经济中一直占有很重要的位置。时装业除了给法国带来利润外，也给相当一部分人提供了就业机会。所以，时装业无形中帮助法国社会解决了就业危机。

法国时装业非常强盛，在欧亚大陆的大多数国家都有市场。卡丹时装公司大约有70%的产品是销往国外的，他们还在国外设立了很多分公司，这也是法国大多数时装公司的基本情况。在服装进出口贸易中，法国处于世界领先地位。

正是由于服装业的飞速发展，卡丹才拥有了这么一个良好的创业环境，让他能够充分发挥自己的才能，逐渐成长为时装大师。

5. 时装回顾展

巴黎是时装之都，也是卡丹圆梦的地方。在巴黎中心区域，有一座宏伟的建筑名为"卡丹的空间艺术殿堂"，大家称之为"卡丹艺术中心"。这是卡丹长久以来的一个梦想，在巴黎为大家建立一个交流智慧与创意的神圣之地。

"卡丹艺术中心"位于协和广场和总统府之间，由一座花园楼房改建而成。来到巴黎加劲里埃尔街上，可以看到一幢纯白色的别墅，在别墅里面，有个层次分明的建筑就是艺术中心。艺术中心的设施非常齐全，里面有剧场、画廊、电影院等各种娱乐和展览设施，既可以演出戏剧，举办画展，也可以提供给朋友们举行聚会。

在20世纪60年代末，卡丹开始在"卡丹艺术中心"举办时装回顾展。也是在这段时间，对于服装流行和过时的问题，卡丹曾经做了一个深刻的总结：各种流行的时装款式都是转瞬即逝的，不过消逝后总会留下一个清晰的轮廓，给后人留下一些学习经验。他经常教育自己公司的人，一定要仔细研究过去时装的特色，以便更好地把握时装的变迁。

虽然卡丹没有读过几年书，但他在服装这一方面的艺术观点令很多学者们都感到敬佩不已。这主要是因为卡丹对时装有一种深深的挚爱，再加上他多年来对服装的钻研与实践，才让他达到了这么高的境界。

在季节对时装变化趋势造成的影响上，卡丹也提出了自己的观点："我们回忆过去，走到路易十五王朝，那么浮现在我们脑海中的时装，是裙环的连衣裙。在同一个季节不同的年份，我们的穿着也会大不一样，时装在发展过程中存在着一个大的潮流，而季节的变化只会引起服装上一些细微的变化，这只是时装整体潮流中的一些简单分支。"

卡丹仔细研究过时装的变迁规律，他曾经收集了1787年到1936年所有时装的图片。通过对比这些时装的尺寸和样式，卡丹发现了一个规律：时装会随着时间的变化而有一个明显的变化节奏。几乎经过一个世纪，时装就会迎来一个新的潮流，不同潮流的时装在服式轮廓、布料、结构等各方面都有显著的区别。其中，最显著的就是衣服的长、款、胖的变化，尺寸是服式变迁的决定性因素。

美国人文学家A.L.克洛勃曾经做过类似的总结：从1749年到1810年比较宽松的连衣裙最为流行。然而从1815年开始，流行的连衣裙都是紧窄型的。显然，流行服式的一些重大变化都和历史的明显分期大致上吻合。

这些观点一直影响着卡丹的服装设计，这也是为什么他总是能走在时装的最前列，甚至是超前列的原因。

《纽约时报》刊载过一篇文章：20世纪90年代最受欢迎的男装，却是皮尔·卡丹60年代设计的服装样式。有位评论家不禁感慨道："卡丹先生设计的男装简洁大方、自成体系，竟然可以经历30年而不衰，这是任何一个设计师都做不到的。即便是一种巧合，我们依然不得不说卡丹是一位目光超前的时装大师。"

时装潮流一直在不断地翻新，一种时装可能还没有流行起来，就已经被另一种时装给取代了。时装总是推陈出新，而卡丹的时装设计却可以跨越30年，再次引领时装潮流，这根本就是一个奇迹。就连很多著名的设计师都对卡丹佩服不已，有位设计师说："卡丹设计的时装远超我们的欣赏水平，它们是属于未来世界的服装。"

或许正是这种超前的创造思维以及不断进取的精神，构成了卡丹特殊的设计风格，让他不仅成为一位时装大师，还成为一位时装界的革命家。其实除了服装外，在开拓自己事业的时候，卡丹也充分体现了这种进取精神。

卡丹不仅在服装上的手艺非常精湛，他的艺术涵养也被大家所敬仰。有人问卡丹，当代时装变化是一个什么样的趋势，卡丹表现得十分谦逊，他微笑着说："现在想要了解清楚还为时过早。"

看着大家期待的眼神，他接着说道："或许我们随便翻阅几页杂志，然后画出一些简单的轮廓，就可能在服式的发展中起到决定性的作用。但想要让它成为新的时装潮流，就要把自己的特色加入到服式里，若一种服式里没有表现出自己的精神，那它永远不会成为时装。"

卡丹认为：时装的变化和社会环境密切相关。如果离开了我们所生活的社会，就不会有服式的产生，更别说变化了。像生活在孤岛的鲁宾逊，根本不会在乎自己穿什么。

对卡丹来说，和别人讨论时装的过去和未来，既是传授给大家一些相关的时装经验，也是让自己对时装做一次全新的认识。

时装回顾展结束后，卡丹开始在世界各地举行服装设计回顾展。东京、伦敦、纽约等大城市都有卡丹时装店，借助这些站点，卡丹举办了几十场大型时装回顾展。这让越来越多的人都对时装产生了浓厚的兴趣，特别是对卡丹的服装设计。很多人甚至开始对卡丹本人产生了兴趣，为什么卡丹能够设计出如此杰出的作品？几乎每次时装回顾展结束的时候，人们都会缠着卡丹，希望他能为大家传授更多关于时装的知识。

有一次，卡丹在东京举办服装回顾展。演讲结束以后，有人问他："卡丹先生，您能不能说一下，我们怎样才能选择出最好的流行服装？"

卡丹回答："首先你要知道，服装除了反映我们的时代精神外，还一定要和个人的形象搭配，因为服装本来就是用来衬托一个人的外在形象的。所以我们在挑选服装时，千万别只看衣服是否流行、是否是新款。

"而且很多流行的服装样式并不是新款，很有可能是几年或几十年前流行的款式。事实表明，有许多流行的服式都是反时髦的，就是曾经风靡一时的服装款式，现在又开始流行起来。还有一些服式虽然没有成为最流行的时装，但因为它们的式样设计落落大方，也可能在很长时间里流行不衰。

"以前有一种女式西装，下面是长边裙子，上面是一件无领的短上衣，中间系上一条装饰的腰带，这一经典的设计大约流行了四十年的时间。其实，这些经典的设计稍作改动，就有可能形成一些新的流行服式。例如刚刚提到的女士西装，如果把裙子换上中长裤，就会成为一种新的服装款式了。当然，我们也可以把布料换一下，形成另一种风格。"

　　看着若有所思的听众，卡丹接着说道："所以，在挑选服装的时候，只要符合我们所处时代的要求，是否最流行不是挑选服装的首要因素。根据我们所属的类型，选择出最适合自己的服装才是最重要的。"听卡丹说完以后，台下响起了经久不息的掌声。

　　后来，卡丹在纽约举办回顾展时，一位女记者问他："卡丹先生，您能说一下时装的具体标准是什么吗？还有，怎样搭配服装颜色才最好看？"

　　卡丹没有急着回答这些问题，只是静静地想了一会儿，然后才对她说："在200年前，伟大的思想家让·雅克·卢梭说过，时装以其现实的美点缀着世界。这种美是多种多样的，它们之间总是存在着一些细微的差别，所以说时装并没有一个具体的标准。如果硬要说的话，时装有一些活动的标准，就是要尽量做到简朴大方、搭配和谐、美观舒服。

　　"至于颜色的搭配，其实大多数女性不喜欢过于修饰的服装，她们对服装的颜色、布料是否配套都有一定的要求。而流行的服装式样，或许只是在那些长时间流行的服装上做了一丁点儿改动，可能是色彩或大小上稍微修饰了一下。但这小小的变化具有很重要的意义，它能让款式完全相同的两件衣服看起来截然不同。

　　"一般流行服装的颜色都是用浅色作为主色，与搭配的颜色形成鲜明的反差，这样的色调配比会形成更多种类的服装样式。还有一点需要注意，就是衣服上的装饰物，虽然看似它们并不是必需品，其实它们所起的作用和衣服的颜色一样重要。"卡丹的一番话，让那位女记者佩服不已。

卡丹时装引领了整个20世纪60年代的时装潮流，它以丰富的流线型取得了绝对的胜利。而且，卡丹把勇于挑战的精神融入自己的作品里，这一切，终于成就了这位世界级的时装大师。

20世纪70年代的卡丹时装，基本上是60年代的延续，只是做了更进一步的改进与完善。后来卡丹访问中国大陆的时候，从中国古代建筑的屋檐设计上得到灵感，创作出一种肩膀又宽又翘的男装，虽然这种设计也很出彩，但它已经不再让卡丹的设计像60年代那么突出了。

尽管卡丹的设计不再像以前那么处于巅峰状态了，但他并没有停止艺术的创作。每年，卡丹都会举行几场自己设计的男女时装展演，而且世界上有越来越多的人知道他的盛名了。特别是卡丹公司在东京、伦敦、纽约等著名城市举行过时装回顾展以后，几乎喜欢时装的人都爱上了卡丹时装。

第四章 丰硕的成果

1. 打造名模

作为一个时装设计大师，与卡丹最常接触的异性不是卡丹的姐姐或爱人，而是女时装模特，因为时装设计师必须对自己的 "衣服架子"特别熟悉才行。和一般的设计师相比，卡丹毫无设计大师的脾气，他经常和自己公司的模特讨论一些关于服装的问题。所以，他和模特们的关系非常好，也因此很多模特经他之手，由一颗顽石变成了一块美玉。其中，最典型的两个模特是伊莎贝儿与佩特拉。

伊莎贝儿是一对法国贫穷夫妇的孩子，她的父亲是一个小乡村的杂货小贩，母亲是当地一家牧民的女儿。尽管出身贫苦，但命运还算公平，"灰姑娘"长大以后，拥有一头乌黑的亮发，修长的身材以及一双明亮的大眼睛，成为一位亭亭玉立的美人。

由于家境不好，伊莎贝儿衣着平常，很少装饰。通常上身是白色衬衣加青色外套，下身是一条普通的蓝色牛仔裤。但即使如此，在完美的身材和脸蛋的衬托下，她依然显得格外引人注目，与那些花枝招展的女孩相比，别有一番风味。

然而，女孩哪有不爱美的？伊莎贝儿也渴望穿上漂亮的衣服，打扮得更时尚一些。她不再满足自己平凡的生活，于是只身前往巴黎，凭借自身的条件，希望能在模特行业里取得一席之地。

然而，当时的巴黎人才济济，特别是模特行业更是群星璀璨。作为一个外行，伊莎贝儿既没有技术，又没有人脉，想要在巴黎模特行业里有所作为简直可以说是难如登天。她每天都在街头徘徊，希望能找到一个合适的工作机会。一天，伊莎贝儿看到迪奥服装公司招收模特儿的广告，她便报了名。

到了面试那一天，伊莎贝儿下狠心买了一身漂亮的衣服来到迪奥公司。当她推开迪奥办公室门的时候，一下就傻眼了。她看到前来应聘的模特一个个身材高挑、气质优雅，与她们一比，自己好像是个刚从乡下走出来的土孩子一样。

强烈的自卑感让她的表演显得束手束脚，最终落选了。但这一次面试经历也让伊莎贝儿明白了，模特不仅仅是在舞台上来回走几步那么简单。她们最需要的是优雅的气质，时装只有穿在气质极佳的模特身上，才能体现出它应有的价值。

回到住宿的地方，伊莎贝儿开始学习有关模特的知识，并对着镜子不停地练习。一个月后，她的基本功已经练习得很扎实了。当她看到卡丹发出的模特招聘时，再次报了名。

应聘那天，虽然她在众多姑娘中表现得并不突出，但卡丹还是从她身上看到了一个名模的潜质。他当时便做了决定，要把这位从乡村出来的姑娘培养成一位世界名模。

伊莎贝儿得知她被录用了，高兴万分。对这位赏识自己的伯乐，伊莎贝儿心想，自己一定要下苦功夫练习来回报他。功夫不负有心人，在卡丹的耐心教育和伊莎贝儿的刻苦学习下，半年之后，她已经在法国时装舞台上小有名气了。

一天，伊莎贝儿与卡丹一起前往纽约。卡丹发现，伊莎贝儿一直默默不语，好像有心事。在卡丹的一再询问下，伊莎贝儿才说出了事情的原因。

原来，伊莎贝儿有一位儿时的伙伴，名叫佩特拉。她们从小一起长大，感情很深。知道伊莎贝儿来巴黎后，佩特拉也跟着来到巴黎。和伊莎贝儿一样，佩特拉也想成为一名模特，她的身体条件也很好，身高一米七，一头亮丽的金发，而且体型非常优美。

刚到巴黎时，佩特拉似乎比伊莎贝儿的运气要好一些。她很快被匹布里克时装模特公司看中，招收她做广告模特。

佩特拉在模特培训学院经过几个月训练后，开始为一些洗发水作广告。对于一个广告模特来说，模特公司是她与别的公司联系的途径，一个孤单的少女，没有模特公司的帮助是找不到"生意"的。也正是因为这样，模特公司收取的中间费用非常高。一般的广告模特，要把自己四分之一的收入交给模特公司，而且，做一个广告模特除了收入不稳定外，想要打出知名度也是非常困难的。为了能成为一名正式的模特，佩特拉一边做广告模特，一边到大型时装公司应聘。

幸运的是，没过多久，佩特拉意外地被迪奥公司选中。那一天是由迪奥本人进行模特面试，当佩特拉走上表演舞台时，迪奥被她身上散发出来的优雅气质所吸引，当即决定，让她来迪奥公司作自己"新造型"服装的专用模特。

"新造型"服装上市以后，由于它新潮的设计和佩特拉杰出的表演，很快就在市场上流行起来。在这段时间里，佩特拉和迪奥公司合作得非常愉快。佩特拉在为迪奥公司带来巨大效益的同时，自己在迪奥公司的地位也迅速攀升，不久，便坐上了迪奥公司模特部门的头把交椅。

并且这时的迪奥也很关心佩特拉，甚至还对她流露出了一种爱恋之情。可是没过多久，一切都发生了变化。迪奥公司招收了一名新模特，这名模特在世界上都红极一时。

自从这位世界名模来到迪奥公司以后，佩特拉的地位马上跌了下来，甚至连公司举办的大型时装晚会都不让她参加。佩特拉想找迪奥询问，却发现迪奥总是在回避自己。而且在一些时装展览会上，身为公司模特的她却不能上台表演，只能在展出期间把服装准备好，在其他模特表演时，她负责把必要的装饰用品配备齐全。

仿佛一夜之间，佩特拉从天堂掉到了地狱。在服装界迅速崛起一段时间后，她又闪电般地消失了。当人们惊叹一颗新的明星升起时，已经不会再想起昨日的明星了。佩特拉既忧伤又悲愤，她选择离开迪奥公司，之后便病倒了。一直到现在，她的身体还非常虚弱。

听完伊莎贝儿的描述，卡丹非常同情佩特拉的遭遇。而且通过伊莎贝儿的描述，卡丹觉得佩特拉也一定是位很有表演天赋的女孩，所以他决定把佩特拉也招到自己公司。

他们回到巴黎，伊莎贝儿马上带着佩特拉来见卡丹。看到虽然面带病容，但仍然全身都充满青春气息的佩特拉，卡丹当即询问她，是否愿意来自己公司。听到卡丹的问话，佩特拉流下了感激的泪水，她生命的另一个转折点，已经来临了。

现在的模特，走的路线多数都是年轻、运动的风格。而佩特拉的加入，让卡丹回忆起30年代模特娇柔的表演风格。卡丹觉得可以把佩特拉和伊莎贝儿打造成以前流行的娇柔型模特，特别是佩特拉，她简直就是娇柔型模特的代表。而卡丹的这一抉择，让佩特拉真正开始了辉煌、灿烂的一生。

选择好方向之后，卡丹开始亲手训练她们。除了对仪表和举止的训练外，她们每天还要参加一些高雅的聚会，以便更好地培养内在气质。

而且，卡丹也一直努力提高她们的时装观念："在进行时装表演时，你们一定要把自身的青春气息展现出来。时装模特最重要的是展现出自然美，而现在你们的青春气息就是自然美。当你们能熟练地运用它时，成为名模指日可待。"

在卡丹的精心培养下，佩特拉和伊莎贝儿都充分展现出自己的个性和特色，很快就成为时装界的超级名模。她们最感谢的人，当然就是卡丹。她们给卡丹的时装赋予了新的生命，而卡丹却是为她们的生命赋予了新意义的人。

2. 卡丹帝国

在时装设计上，卡丹绝对称得上是一位伟大的艺术家；在商业方面，卡丹同时也是一位极为成功的商业大亨。对一般人来说，能在这两个方面同时站在世界的最顶端，根本是无法想象的。然而，卡丹却做到了。

他靠着自己的时装设计天赋白手起家，然后借助勇于拼搏的精神，在服装行业建立了自己的事业。随着知名度的提高，他的服装事业也越做越大。然而，卡丹并不满足于现状，为了迎接新的挑战，他开始计划涉足新的行业。

卡丹也知道，进入一个陌生的行业会遇到很多难以预知的困难。因为他不仅需要学习新行业的知识，还要在新行业里一点点地建立自己的人脉。重要的是，他必须走在新行业的前列，只有这样，才能在新行业里获得成功。

具体要做哪一方面，卡丹还是很慎重的。经过一段时间的考察，卡丹感觉自己可以像做服装一样，先做某个行业的设计师。等自己彻底了解了那个行业以后，再开始做实业。这样做对卡丹来说最有利，因为在设计方面他颇有心得，而且设计也是一种创新，会让他接触行业里比较先进的技术与科技。

1968年，卡丹来到威尼斯。一下飞机，他就被威尼斯的宏伟建筑所吸引。但卡丹总觉得建筑看上去似乎有一点不协调，后来他发现，原来问题出在威尼斯的玻璃制品上。这些玻璃制品的样式太单一，作为能反光、能吸引眼球的建筑，完全不能给人带来一种美的享受。于是，卡丹决定给威尼斯设计出一套全新的玻璃制品。

也是从这一刻起，卡丹正式踏入到新的行业中。通过努力学习和思考，他很快就设计出了一套深得大家喜爱的玻璃制品。成功后的卡丹，信心大增，又开始接触其他的行业。他曾经为收音机、闹钟、手表、茶壶等各类产品做过样式设计，靠着自己的设计创造天分和勇于拼搏的态度，他精心打造出一件又一件艺术品，让每一种设计都取得了成功。

设计上的成功，为卡丹做实业奠定了基础。在联系了一些朋友以后，他开始从一些简单的制造业着手，利用自己的品牌效应，建立全新的事业。由于卡丹一直能创作出新产品，所以他在自己所涉足的领域都取得了骄人的成绩。

随着时间的增长，卡丹涉及的行业也越来越广。后来，就连巧克力、糖果、面包等这些零食行业，他也都有接触，而且还做出了不错的成绩。干一行要爱一行，只有用心去投入，才能把事情做好，这也是卡丹行事的一个准则。

到了20世纪60年代末，卡丹渐渐迷上了家具设计。作为一个艺术家和设计大师，他总是想让自己周围变得更加美丽与舒适。一开始，他只是想为自己设计一套家具，然而当设计完成的时候，他也彻底爱上了家具设计。据卡丹所说，当自己用心去设计一件艺术品的时候，就会不自觉地迷恋上它。作为一个有心人，卡丹的成功不是没有道理的。

没过多久，卡丹又开始对餐具产生了兴趣。在他的设计下，餐具不再像以前那么单调了。刀叉的样式变得多种多样，让人们在用餐的时候平添了一丝情趣。后来，只要是生活中经常用的东西，卡丹几乎都有涉猎。这位设计大师走出时装圈以后，更好地发挥了自己的才能。

在巴黎圣昂诺莱大街上，卡丹开设了一家卡丹品牌专营店，店里都是自己设计的各类产品。专营店的内部结构也是卡丹亲手设计的，中间是一个环形楼梯，连接着宽敞明亮的三层楼。每一层楼包含了生活的一个方面，大至书柜、餐桌、沙发，小至台灯、刀叉、钢笔，造型新奇、构思巧妙。来到专营店里，就好像进入了一个现代化的工艺品展览馆。

除了生活用品外，卡丹在工业方面，也做过很多出彩的设计，甚至在飞机和汽车上，他也都留下了自己的痕迹。美国大西洋飞机公司曾经邀请卡丹，想让他为公司设计私人飞机的外观造型。而卡丹也不负众望，他设计出来的机身，被黑、白、红三种颜色的条纹覆盖。飞在天空中，就像是一只活灵活现的彩蜻蜓。卡丹还曾给美国的"卡迪拉克"牌小轿车做过造型设计，也是别具一格，深得大家的喜爱。

当然，卡丹的设计里最受欢迎的还是服饰用品。到法国去游玩的旅客，绝大多数都会买一件卡丹设计的衣服或鞋帽。

卡丹在各个行业取得的巨大成功，让他逐渐建立了自己的商业帝国，而且规模也越来越宏大。首先是在服装产业里延伸，有女装、男装、童装，再到围巾、挎包、鞋、帽；其次是向其他行业里踏足，有工艺品、化妆品、家居品，再到汽车、飞机、游艇；然后开始向国外扩展，有欧洲、美洲、日本等，卡丹在这些国家都获得了生产许可证。

现在，"卡丹帝国"在全世界有20个时装店、6个展览馆，并且在60个国家为卡丹的150种商品获得了3500个许可证。同时，他也是世界上第一个自己开设银行的时装师。而且，卡丹还非常注重商业运作，为了减少中间利润环节，他在全世界布设了五千多家售货店，让大家尽量能直接在自己的店里购买卡丹产品。

卡丹就像是电影里演的传奇人物一样，以不可思议的力量，掌控着一个帝国。如果把整个时装的发展历程拍成一部电影的话，卡丹绝对是这部电影里的主角，他所散发出的耀眼光芒，是当今世界上任何著名影星都不能与之相比的。

建立了商业帝国以后，卡丹并没有松弛下来，他一直在努力稳固自己帝国的根基。除了投资自己的产业之外，他还在房地产、股票上投入了很多钱，也因此赚取了不少的资金，加上自己开设的银行，即便是遇到一些困难，他也能轻松应对。

"卡丹帝国"的形成，虽然和卡丹的设计天赋有很大关系，但还有比较重要的一点就是他的性格，那种不顾自我、奋力打拼的劲头。多少年来，卡丹从来没有度过假，也很少休息，无论走到世界什么地方，他都会把自己的日程安排得满满的。有时候，甚至在同一个时间安排两三件事。

到了今天，卡丹仍然是个非常繁忙的人。如果想要见到他，一定要事先约好。他每次都会准时到达，但你要是迟到了，就再也没有机会见到他了，因为他需要去做自己的下一件事。卡丹常说这样一句话："我这一生别无其他，只有工作，永远不停地工作。"

在很多人的眼里，卡丹是一个彻彻底底的"工作狂"，然而他却很喜欢这个称呼。卡丹认为，辛勤的工作正是自己成功的一个重要因素。如果有人告诉他："别急，咱们还有很多时间。"卡丹绝对会这样回答："对不起，我不喜欢浪费时间。"

果断是卡丹的另一个显著的性格。只要是与卡丹有过接触的人都会发现，他遇到问题总是当机立断、迅速解决，从来不会犹犹豫豫、磨磨蹭蹭，但绝非草率行事。在卡丹身上，深思熟虑与当机立断能够同时完美地展现出来。

当然，卡丹最被大家赞扬的一点，还是他那别出心裁的创造力。无论是在哪一个行业，他都能创造出最新奇、最受欢迎的东西。曾经有人研究过，卡丹那高瞻远瞩的能力是怎么得来的，最后总结出，这估计是得益于卡丹致力于当"第一"的意志以及他那无所畏惧的冒险精神。

3. 著名的PC品牌

皮尔·卡丹的英文名是"Pierre Cardin"，简写为PC。PC品牌是卡丹以自己的名字命名，打造出的一个国际著名品牌。"卡丹帝国"的成功运营，便是借助了PC品牌的盛名。而PC品牌的形成，则是由于卡丹超前的智慧与创意。

在法国时装界，卡丹被誉为"时尚的先锋"。因为他总是走在时装的最前列，他的设计每次都比别人看得远、看得深，引领着一次又一次的时装潮流。卡丹在设计服装时，有两个鲜明的特点。

第一个是：服装样式现代化。他设计出的服装造型往往是抽象的，包括一些服饰坠件也是如此。他经常关注化纤面料的新成果，所以在布料的使用上，也比别人更前卫，这让他设计的服装总是显得特别时尚。

而作为一个前卫的艺术家，卡丹也会面临很多问题，其中一个就是别人赶不上他的审美眼光。由于具有敏锐的观察力和判断力，所以他对时装的理解往往会远超常人。当所有人都不理解他的时候，他的艺术品就会遭到人们的冷落。

然而过了一段时间后，当人们重新回顾他的作品时，常常会被他对时装的预见性所折服。例如，1966年卡丹创作的小格子围裙和球类运动服一直无人问津，等到了70年代，它们才开始在社会上流行。1962年他设计了一种领带，曾经被大家认为是"腐朽"的，但几年以后，突然变得倍受欢迎。

很多评论家都说，卡丹的设计都太先进了，有时候他真应该推迟一段时间再展出。虽然很多深受欢迎的款式是他最先推出的，但被大家接受的程度往往不尽人意。真是不敢想象，他是怎么做到这种地步的。

身为时装界的大师，卡丹的见识与创作力比一般人超前是很正常的。每次出现这种情况，卡丹也都很欣慰，毕竟自己的设计才能还是存在的，只是在当时不被接受罢了。但过不了多久，等人们反应过来，他的作品就会重新得到认识和欣赏。或许，卡丹真应该像评论家所说的那样，稍微放慢一下自己的步伐。

卡丹时装里包含的另一特点是：具有非常典雅的情调，充分散发了一种女性魅力。尽管卡丹的设计赋予现代抽象的概念，但他设计服装的基本原则仍然是以传统为主。无论是高级时装还是大众时装，卡丹的设计里都饱含了传统精神：典雅、优美、富有女性美。

这种传统精神来自于卡丹的领路人迪奥。迪奥的作品里完全继承了法国女装的传统，虽然他从始至终都以高级华丽来设计自己的作品，但传统的本质是没有变的。而卡丹跟着迪奥学习的那几年，无疑对卡丹产生了巨大的影响。

其实，只要是他认可的创作样式，都会很自然地表现在自己的作品里。所以卡丹设计的作品，不仅包含了迪奥的风格，还能看到西班牙设计师巴伦夏卡的影子。巴伦夏卡的设计，也是以传统为主，卡丹曾经多次请求巴伦夏卡，让自己到他的工作室工作，但巴伦夏卡一直都没有同意。即使如此，卡丹还是很喜欢他的作品，也从中学到了很多东西。

到了今天，真正了解现代派高雅艺术的人里，卡丹可以说是首屈一指。只有高雅的时装才能谈得上美，设计高雅的时装是许多服装设计师一生追求的目标，也是卡丹想要保持的一个境界。

正是这两点，让卡丹所有的设计都显得与众不同，不仅是服装，其他的产品也是如此。卡丹手中拥有八百多种不同的专利产品，仅仅在法国就有几千人为他工作。世界上有一百多个国家都在销售PC品牌的产品，每天有大约二十万人在几百家工厂里生产着PC品牌产品。

卡丹造成的影响不仅仅是在法国服装界，在世界各地，只要是现代化的地方，随处可见皮尔·卡丹的名字。每年，卡丹公司都会卖出几千份设计图，但设计图的大部分细节都没有完成。卡丹告诉各地的生产商，这些细节由他们根据当地的实际情况去完成，如果感觉自己公司做不好，卡丹会派公司里的技工指导他们。

一般情况下，卡丹会取得生产自己品牌4%~10%的股份，这让他对生产公司的产品销售有一个大致的了解。每一次出现问题，卡丹总是能够迅速地反应过来，然后尽快把存在的问题解决掉。

为了能让自己的事业取得更大的成功，卡丹产生了一个想法：通过各种方式，把自己的名字也就是PC品牌推广到全世界。于是，卡丹开始与各个行业的商人合作，只要是和自己的设计有关的商品，都可以用PC品牌的名义销售。

卡丹在商标授权上似乎从不计较是什么类型的产品，日本有"PC"自行车，德国有"PC"窗帘，瑞士有"PC"香烟，韩国有"PC"化妆品，中国有"PC"儿童玩具。台湾甚至生产了廉价的

"PC"旅行包，当有人询问原因时，卡丹却不以为然地说："那些旅行包的质量很好，只要质量好，我就应该给予支持。"

美国有一位商人曾经说："和卡丹合作以后，只要是把PC标记打在产品上，销量就会增加很多。"还有一位商人说："PC这一标记真的具有神奇的力量，有很多产品如果不打上PC标记，大家就不会再来买了。"

打响自己品牌这一点，卡丹成功做到了。这时候卡丹取得的成绩，别说服装行业里的同行们，就连一些大企业家也无法与之相比。随着卡丹的知名度越来越高，"卡丹帝国"里最值钱的不再是卡丹时装而是PC品牌。因为这个品牌已经深入人心，它成为一个经典的、永不过时的标志。

曾经有人这样评论过PC品牌：用卡丹品牌生产的产品完全可以满足我们的生活需求，我们可以睡PC牌的床，坐PC牌的椅子，在PC牌的餐厅里用餐，甚至连剧场、展览馆都有PC品牌。无论做什么，都不用走出卡丹的王国。

每年，世界上以"PC"品牌生产的商品，盈利超过10亿美元。如果把各个行业里为卡丹工作的人算起来，所创造的社会价值无可估量。而卡丹即使什么也不做，只依靠自己的"PC"品牌，每年的收入也有几千万美元。作为公司的总经理兼总设计师，卡丹王国究竟有多少资金，大概只有卡丹自己清楚。

卡丹有与许多政界要人、文化名人一样的声誉，也有数以亿万计的资产。整个世界上，能在名与利两个领域取得如此辉煌成就的，也只有寥寥几人。这位站在世界顶端的人物，不仅是一位伟大的艺术家，也是整个时装界甚至商业界最耀眼的明星。他用自己的名字（其实就是PC两个字母）和一种惊人的进取精神，书写了一篇又一篇华丽的篇章。

4. 爱人莫罗

　　卡丹曾经说过，自己在事业上的成功离不开两个人的支持：一个是照顾他起居的姐姐，另一个是卡丹的爱人让娜·莫罗。卡丹与莫罗相爱40年，却并未成婚，然而他们之间的爱情却是感人至深的。

　　第一次与莫罗相遇时，卡丹还没有什么名气，仅仅是迪奥手下的一名普通设计师。当时，世界时装博览会在巴黎隆重举行。那是一个盛况空前的集会，社会上的各界名流都参加了。对于年轻的设计师卡丹来说，这是一个难得的机会，如果他的作品得到了大家的赞赏，那么他便可以一举成名了。

　　那一天，卡丹早早地来到了会场，在后台忙着进行服装的摆设以及指导模特们的着装。由于时间紧迫，而布置会场的人手又不够，卡丹只得拿着一件件礼服奔往模特间。走廊里人很多，卡丹一路上躲躲闪闪没注意到脚下的电缆，一不小心绊倒在地上。当他狼狈爬起来时，听到一个动听的声音关心地问："先生，您没事吧！"

　　抬起头，卡丹看见一名穿着淡绿色晚礼服的美丽女子，正对着他微笑。一时间，卡丹觉得一阵精神恍惚，这个女子太美丽了，他的目光凝固在了女子的身上，完全忘记了自己刚才尴尬的情形，只是呆呆地说："您，您好！"

　　女子盯着卡丹手中的衣服看了一会儿，赞叹道："这些衣服真漂亮，都是您设计的吗？" "嗯，是的。"卡丹这才回过神来，羞赧地说。"它们实在是太美了，如果有时间的话，您能为我设计服装吗？"女子问。卡丹连忙回答："当然可以，能为您设计服装，真是我莫大的荣幸。"之后，女子向卡丹微微点头，转身离去。卡丹看着她的背影，又一次入迷了。

过了一会儿，卡丹在展览厅又见到了那名女子。这时，卡丹发现展览厅里很多人都在关注她，向旁人一打听才知道，原来她就是让娜·莫罗，法国电影界的一名超新星，有着电影界的"维纳斯"之称。

自从见面以后，卡丹就爱上了莫罗，开始四处打听她的消息。然而，很快卡丹了解到，莫罗已经有男朋友了，是一位著名的男演员，而且他们之间的感情非常好。

失望之余，卡丹只得让自己的这份爱深深地埋在心底。从此以后，他把全部的精力与时间都投入到了服装设计中，让工作占满自己的大脑，不再去想那些令自己伤心的事。偶尔想起莫罗的时候，卡丹也只会在心中默默地祝她幸福。

其实，莫罗的生活并不幸福。她和男朋友之间常有分歧，特别是在结婚以后，两个人总是为一些小事争吵。虽然后来他们有了一个孩子，但两人之间依然争吵不休。因为需要照顾孩子，又与丈夫不和，莫罗也没心情再去拍戏，事业停止了一段时间。就这样持续了两年的时间，莫罗再也忍受不住了，决定结束这场婚姻。

离婚以后，莫罗变得非常消沉。为此，卡丹很担心，想找个机会好好鼓励一下她。巧合的是，导演约瑟夫正为自己的新片《埃娃》寻找女主角，卡丹认为这个角色很适合莫罗，如果莫罗开始工作了，她的心情肯定也会好很多。

于是，卡丹找到导演约瑟夫，极力推荐莫罗演这个角色。导演也很欣赏莫罗，给她发了一份邀请函，下面还署上了卡丹的名字。如果莫罗同意演女主角，卡丹就会做这部电影的服装设计师。莫罗知道卡丹是想帮助自己，她也想从婚姻的阴影里走出来，就同意了。

在拍戏的那几个月中，卡丹开始专心为莫罗设计服装。他们经常在一起谈论电影的风格，研究应该设计什么样的服装样式。休息的时候，他们会在一起聊天，说说自己在生活中遇到的一些趣事或烦恼。工作一段时间后，卡丹发现他和莫罗之间非常有默契，做什么事都能想到一起，两人的关系也越来越亲密。

也是这种美好的感觉给卡丹带来了无尽的灵感。这一阶段，卡丹设计的服装所拥有的俏皮韵味让人眼前一亮，PC品牌也成为都市女性的最爱。之后的《天使的海湾》影片中，卡丹给莫罗设计的一身白色休闲套装，在整个欧洲服装界都引起了轰动。这也让很多导演都不惜重金邀请卡丹做电影的服装设计师，而卡丹却表示：电影方面，他只会为莫罗演出的电影设计服装。

在卡丹的支持下，莫罗慢慢恢复了往日的神采。1960年，莫罗再次取得了戛纳影后的桂冠，成为当年最受欢迎的女影星。

在接下来十几年的时间里，卡丹的时装设计水平进入了最辉煌的时期。由于受到了世界上很多名流的邀请，卡丹不得不奔波于世界各地。而莫罗自从状态恢复以后，也一直片约不断，他们两人见面的机会变得越来越少。

为了使在一起的时间更长，每次拍完戏，莫罗都会在第一时间返回到卡丹身边。卡丹非常感动，他准备在巴黎以两人的名义建立一个剧场，让莫罗以后能在自己的剧场里演出。为了设计一个漂亮的剧场，卡丹翻阅了大量的书籍和报纸。

一天，卡丹无意中在报纸上看到了一张莫罗的消息，下面是莫罗在记者发布会上的一些讲话。他惊讶地发现，莫罗宣布几周以后就要和自己结婚。他慌忙打电话给莫罗，问她那篇报道的事。莫罗告诉卡丹，她想有个家，希望卡丹能够满足她这个愿望。这一刻，卡丹变得迷茫了，在卡丹心里，爱情是神圣的、自由的，而婚姻恰恰束缚了这种自由。最终，他坚定地对莫罗说，自己是不会结婚的。卡丹的偏执让莫罗困惑不已，她默默地挂断了电话。

第二天，莫罗什么都没说，直接坐飞机去了美国。卡丹以为她到美国是为了拍电影，也没怎么在意，依然每天独自忙碌着。不知不觉3个月过去了，莫罗还是没有回来，也没有和卡丹联系。卡丹有些担心，就给她打了一个电话。然而，卡丹却得知了一个晴天霹雳般的消息：莫罗和一位著名的好莱坞导演在美国结婚了。

卡丹非常的痛苦和不解，他甚至把自己关在家里整整一个月。据卡丹所说，自己在那段时间里精神恍惚，除了睡觉什么都不想干。

而莫罗的第二段婚姻也没得到幸福，她和那位导演根本没有共同语言，没过多久，莫罗就离婚了。之后她又回到了卡丹的身边，从此再也没有离开过卡丹。此时的莫罗终于理解了卡丹的想法，真正的爱情不是形影不离，而是自由的、永恒的、相互关爱的。

卡丹曾经说："莫罗扮演的角色与别人完全不一样，而且她的演技十分出色。看着她的表演，我能从中体会到她的欢乐和忧伤。"卡丹是真心爱着莫罗的，幸好在经历过辛酸、坎坷后，莫罗也理解了他。

尽管两个人一直没有结婚，但所有人都看得出他们是一对非常般配的恋人。他们一同经历了很多波折，但却从来没有放弃对彼此的依恋与爱慕。只是他们不想被婚姻束缚，自由自在地享受爱情而已。

有一名记者问卡丹："您和莫罗女士能一直保持着恋人关系，

是因为你们长久在一起的缘故吗？"卡丹摇了摇头说："不，其实我和莫罗经常分开，只是我们从没怀疑过彼此之间的爱情。莫罗不是我的夫人，我也不是她的先生。我们都有自己独立的空间，这才让我们的感情长久地维持下来。"

第五章 国际友人

1. 老师的骄傲

在服装行业还有一件令卡丹比较欣慰的事，就是他有一个非常值得骄傲的弟子——戈比·维尼。戈比出生于意大利威尼斯，自从开始学习服装艺术后，他就非常崇拜卡丹。因为卡丹不仅是一位服装设计大师，还是他的同乡。

加入到服装行业后，戈比一直有个梦想，就是成为卡丹的弟子。但当时卡丹已经是家喻户晓的时装大师了，想要拜在他的门下可不是一件容易的事。特别是像戈比这种一点名气都没有的人，想见卡丹一面都比较困难。

后来，戈比认识了卡丹手下的一名模特。这名模特已经跟着卡丹很多年了，与卡丹的关系很好。为了能见到卡丹，戈比一次又一次地去找这名模特，希望她能把自己引荐给卡丹。通过不懈的坚持，模特终于被他的精神给打动了，把他介绍给了卡丹。

见了戈比，卡丹决定先测试一下他的才能。当时戈比还在美国，为了考验戈比在时装方面的感悟力，卡丹发给他一封邮件，让他评论一下美国服装的流行款式。这对戈比来说，是一个非常难得的机会，他开始全身心地投入进去。经过几天的调查与思考，戈比完成了报告，然后把它交给了卡丹。

在报告里，戈比从季节、款式、布料等各方面详尽地评价了美国的时装，他以独特的思想、先进的观念指出了服装流行款式的关键点。卡丹看了报告后，觉得戈比在时装方面很有天赋，只是因为没有专家的引导，还没完全展现出来。卡丹决定把戈比招到自己的公司里，亲自来教导他。于是卡丹给戈比发了一份邀请信，让他到巴黎来。戈比接到邀请信以后激动不已，没想到卡丹这么轻松地答应了。第二天，他收拾好行装，飞往巴黎。

来到巴黎，戈比先去找了那名模特，买了一套高级卡丹时装送给她，表示谢意，如果不是她的引荐，自己根本就没有机会接触卡丹。然后，他才联系了卡丹，卡丹告诉他，下午自己会在办公室里等他。

到了下午，戈比来到卡丹的办公室，终于见到了自己仰慕已久的时装大师。卡丹看到这个精神的小伙子也非常高兴，两个人在办公室里谈了整整一个下午。这个下午，戈比收获颇丰，在卡丹的引领下，他终于正式步入了时装的殿堂；对卡丹来说也是一件喜事，戈比在思想上和他极为接近，他总算找到了继承人，让自己的风格能够得到传承。

收了戈比后，卡丹经常在时装上对他加以点拨，让他能够尽快形成自己的风格。由于戈比本来就很有才华，领悟力又很高，再加上卡丹的引导，他进步很快。没过多久，戈比便在时装界声名鹊起。

到了20世纪70年代末，戈比的名字已经响彻了整个服装界，而戈比也成为意大利的骄傲。他在服装的款式上做了一些较大的变革，这些变革在服装界引起了很大轰动。他不仅在衣服着装上影响了大家，也在服装的观念上给人们带来了很大的改观。戈比设计的时装前卫而不轻佻，华丽而不炫耀，已经完全达到了时装大师的水平。以前，卡丹处于顶峰时期设计出来的时装，大概就是这种风格。

法国《时装》杂志评价戈比："戈比先生打造的艺术品像是浑然天成一样，完全看不出雕刻的痕迹。"美国一位著名时装设计师也曾说："戈比设计出的时装样式总是有自己的独到之处，他就是一个时装设计天才。"戈比设计服装时，从来不会遵循一套固定的模式，也没有始终如一的服装形象，如果非要说风格的话那就是创新。

与一般的设计师相比，戈比在行业中的发展途径正好相反。一开始，戈比设计的是男装，然后才逐渐转向女装。这主要是因为戈比一直很尊崇卡丹，他进入时装界时，刚好赶上卡丹推出男装的潮流，所以他开始学习的便是设计男装。

而戈比设计出的第一批女装其实也是男装的样式，只是尺寸大小以及服装的某些部位换成了女式而已。但这一点却给他带来了意想不到的收获，靠这种方法设计出来的女装别具一格，深得女孩子的喜爱，特别是开朗的女孩。后来这种样式渐渐发展为一种服式类别，被同行们称为"戈比服式"，表明了服装界对戈比这一贡献的肯定。

戈比非常喜欢罗马，他的很多灵感都来自罗马的建筑。在他心中，罗马是一个内敛、优雅的城市，与他在服式上的见解基本一致。他说："罗马表面看上去不太漂亮，但经过仔细地观察和品味后，你会发现它的内在美有多么的惊人。"

后来，戈比自己开了一家私人公司。和卡丹一样，整个办公室都是戈比自己设计的，包括办公室里的家具。他还在墙上挂了一幅画，画里是卡丹的头像，在头像正下方写着"恩师"一词。

想成为一个大师，除了要有才华外还需要勤奋努力地工作，这是戈比从卡丹身上学到的另外一点。戈比每天都充满活力，和他在一起工作的人说："戈比经常连续十几个小时伏案设计服装。"但戈比对自己的职员却没有制定严格的规章，然而职员们都很尊重这位努力工作的老板，很多人都以他为榜样。所以戈比的公司里充满了和谐、上进的氛围。

戈比对待顾客也和别的公司不一样。大多数时装公司，顾客一进门他们就送上来几杯香槟酒，以显示对顾客的尊敬。而戈比把顾客当成来自己家中的客人，往往会为他们沏一杯咖啡，无形中拉近了与顾客之间的距离。戈比公司的很多常客都是因为喜爱这种温馨的氛围才常常来这里，因为在这种环境里挑选服式是一种享受。

戈比公司里选购服装的流程也独具特色。一般情况下，戈比会在一种衣服上设计出几百种样式，每个样式再由不同颜色或不同材质的布料搭配而成。导购员为顾客详细地介绍这些服式，然后根据顾客的需求提出一些建议，再让他们从中挑选适合自己的样式。

然而总是会有一些顾客非常挑剔，他们之中有很多人甚至想改变戈比的设计款式。这时候，导购员们只好一遍又一遍地解释，服装款式是戈比定下来的绝对不能更改。戈比的所有服装设计都是亲自动手，他从来不会把这些工作交给助理来做。而如果助理设计出一个服装样式，那么署名一定是助理的名字。

在戈比的设计下，服装样式得到了进一步的发展。其实，他的服装设计天分一点也不比卡丹差，只是在其他方面对世界的影响没有卡丹那样伟大。虽然戈比设计的新潮时装转眼就会过时，但他创作的这种风格将会和卡丹的设计一样作为艺术永远持续下去。

成功后的戈比，并没有忘记自己的恩师皮尔·卡丹，如果没有卡丹，戈比想要进入时装界都难如登天。每年，他都会飞回巴黎去探望自己的老恩师，而卡丹也很欣赏这名优秀的弟子，他们一起的时候总会开心地讨论时装方面的事。只是有一点比较遗憾：他们在一起的时间很少。卡丹和戈比都一直在世界各地忙碌着，他们想给世界上更多的人带去美的享受。

卡丹很少有时间去教徒弟，膝下没几个弟子。而戈比是他最喜欢也是最成功的弟子，有了这样一个弟子，卡丹已经感到很满足了。

2. 创作女警新服

无论卡丹还是戈比，还有很多著名的服装设计师，他们都是来自欧洲的一个艺术之国——意大利。意大利是一个历史悠久的国家，而米兰可以称得上是意大利的一座艺术名城，在米兰举行过无数的艺术盛会。世界上有三大时装盛会：米兰时装节，东京时装节，巴黎时装节。其中，米兰时装节便是在意大利米兰举行，这也是意大利经常出现优秀时装师的根本原因。

1983年，卡丹回到意大利，在米兰举办卡丹品牌服装展，引起了全国人的关注。大家对这位出生在意大利的时装大师充满了尊敬，同时也充满了期待。卡丹向人们展出了自己的新作，赢得了所有人的一致赞扬。

服装展结束，卡丹准备离开意大利时，突然接到了意大利政府的一张请帖，邀请他为意大利女警设计一套制服。当时意大利女警队已经成立10周年了，负责警务的罗马市政府想要为女警树立一个新形象。罗马市长和女警官利卡商议，决定举办一个制服设计比赛。

罗马市长联系了五位名声卓著的时装设计师，让他们分别为意大利女警设计一套制服原型，然后再由罗马官员和女警投票选举出一种设计，经过民意检测之后，判断他们的输赢。如果谁设计的服装在比赛中获胜，将会颁发给他一个意大利的荣誉奖章。

接到邀请的五位设计师都愿意参加比赛，其中也包括卡丹。当然，卡丹并不是为了获得荣誉奖章，更多的是因为感兴趣。另一点也是因为他出生于意大利，为自己国家的警察设计制服，卡丹非常乐意效劳。

经过两天的思考和设计，设计师们都完成了自己的设计方案，并把它们交给了罗马市长。5种设计方案全都非常出色，罗马的官员们赞不绝口，意大利的女警们更是欢喜不已，她们迫不及待地想穿上新制服。

其中卡丹和吉克西的设计最为优秀。卡丹设计的女警制服，上身是一件海蓝色束身装，下身是一件笔直的裙裤，外面还配了一件黄色和红色相间的针织套衫。这一设计受到了女警们的热烈欢迎，意大利时装界也对卡丹的这一杰作大为赞赏。

吉克西设计出来的制服，上身是一件黑色束带女西装，下身是一件半休闲的长裤，简洁又漂亮。他的设计也得到了很多人的认可，特别是女警官利卡，她认为这种服装更实用一些。而其他3个设计师的作品，虽然各有千秋，但和前两者一比，则稍显逊色了。

罗马市长宣布所有设计师的服装原型在7月初展出。一时间大家被这5种设计方案的选择给困住了，不知道到底选哪一种好，罗马政府表示他们会尽快做出选择。后来为了表示对设计师的尊重，这5种设计方案都在女警中进行了民意检测。

直到圣诞假期快要开始的时候，总算是有了结果。不过并不是只选择了一个人，而是让卡丹和吉克西合作再设计出一套新的制服。其中女警的基本服装样式由卡丹来设计，吉克西负责皮件和外部的一些饰件设计。他们两个合作设计的制服，在第二年罗马建城纪念日那一天，正式出现在了街头，所有人对这个新设计都非常满意。

其实，卡丹以前也设计过制服。早在1942年，法国军队女军服和男军服一样，上身是一件又厚又重的蓝色军衣，下身是一件笔挺的蓝色军裤。从远处看去，女兵和男兵没有什么分别。后来法国海军当局想让女兵打扮得时尚一些，至少也要和男兵分辨开。于是派人找到卡丹，让他为法国女兵设计一套新制服。

卡丹觉得这是一个新的挑战，就答应下来。一个月后，卡丹制作了一套既漂亮又实用的女兵制服，深得女兵们的喜爱。为此，海军司令还专门给卡丹颁发了一个奖章。

很多设计师都有一定的制服设计经验。欧洲的著名服装设计师几乎都设计过制服，只是行业不同而已。奥斯卡曾经为美国部队设计过队服，霍尔斯顿给一家国际航空的职员设计过工作服。日本很多行业的劳动雇工，都穿着由三宅一生设计的工服。

制服在工作中会发挥一定的作用，它也代表了一个公司或一个行业的文化。有一家电影制片公司请布拉斯设计制服，他设计了一套长袍式工作服，让这家公司职员的精神面貌大为改观。所以，很多公司都会请服装设计师为自己公司的职工设计制作一套制服。

工作服不仅要讲究舒服、方便，还要体现出公司的精神和文化，让职工穿着工作服和普通衣服有种不一样的感觉。当然统一的制服还有一个优点，就是大家不会在服装上有攀比的心理，特别是女孩子，让她们能在平衡的状态下安心工作。虽然穿上一套工作服，职员不一定干活就来劲，可是拥有一套工作服还是有必要的。

这种情况也让一些设计师开始向制服设计方面发展。卡丹公司也在制服设计领域有所发展，卡丹曾给巴黎市政府的女接待员设计了制服，这一设计逐渐流行到别的行业里，直到现在，很多行业的女接待员还是穿着卡丹设计的制服。

卡丹看到制服在服装行业占的分量越来越重，就决定建立制服制作商店，专门接待定制制服的顾客。一年之后，卡丹发现制服在服装行业占的比重非常高，远比他想象的要高得多。在过去的一年时间里，卡丹公司为几十家客户缝制了六万多套制服，仅仅是制作制服这一项就占了他们那一年总营业额的70%以上。

然而，很多服装设计师制服设计都是出于兴趣。虽然带来的经济效益也占了一部分原因，但更重要的是，他们喜欢因此而带来的挑战。卡丹曾说："我设计制服20%是为了赚钱，另外的80%是出于爱好。"

当然，服装公司都很喜欢生产制服，制服会给他们带来巨大的经济效益。很多服装公司的主要经济来源就是生产制服，而且有些服装公司是靠生产制服才维持下去的。例如法国服装业的加文公司，它能够正常运行靠的是生产制服合同，每年加文公司都要给巴黎的女警察和梅里迪安的职工制作几十万件制服，也会因此获得几百万美元的利润。

设计制服虽然会给设计师带来名誉和利益，但很多设计师却不愿意做这一行。因为制服设计有很多限制，它不仅要做到美观、舒适，还要看上去很朴实，不能加入太多华丽的东西。也就是说，制服会大大限制设计师的想象力，抹杀他们的设计风格。如果长期从事制服设计的话，可能会让他们的设计水平有所下降。

对很多时装公司来说，生产大众化服装的同时，会渐渐地忽略了对时装的创作。这一点卡丹正好与别人相反，他把大众化服装的生产完全交给生产商，而卡丹企业还是仅仅负责创作部分。所以无论多久，卡丹服装一直都保持着他的创作风格，从来不会失去新意。

他给意大利女警设计的制服，不仅符合了大众的要求，还融合了自己的风格。有人问过卡丹，设计制服会不会影响到他的设计水平。卡丹摇了摇头说："不会的，只要是坚持自己的创作风格，别怕设计出不受欢迎的制服，那么制服和一般的时装设计就没什么分别。"

几十年前，卡丹为意大利女警设计的制服，一直到现在仍然在使用，这也充分体现了这位时装大师的设计确实有独到之处。不过卡丹准备给她们设计一套新的警服，过不了多长时间，就能见到女警们全新的面容，大家都在翘首期待着他的新杰作。

3. 好友撒切尔

卡丹很喜欢服装设计带来的挑战，所以，当卡丹接到设计服装的邀请时，只要具有一定的挑战性，他都会接受。这点也让他交到了很多显赫的朋友，其中一个便是撒切尔夫人。

英国第一任女首相撒切尔与卡丹算是老相识了。从做了首相以后，撒切尔每年都会邀请卡丹为自己设计几套服装。有时候，她也会和卡丹谈论一些关于时装的问题，时间久了，两个人便成了好朋友。

撒切尔曾经说过，卡丹给自己的感觉就像是天父一样。在很多国家首脑看来，撒切尔是一个能说会道的女强人。但和卡丹在一起的时候，她总是喜欢静静地听卡丹讲时装方面的知识，或者是服装剪裁的手法。

其实，小时候的撒切尔就已经懂得怎样裁剪衣服了。因为她的母亲是一位服装师，专门给别人裁剪服装。在母亲的影响下，撒切尔自小就喜欢上了裁制服装，并开始跟着母亲学习如何裁剪衣服。

等到结婚的时候，撒切尔的裁剪技术已经非常娴熟了。有了孩子以后，孩子们的衣服多数都是由撒切尔自己裁制的。不过自从做了首相，她很少再裁制衣服了。后来，她看到时装大师卡丹设计出来的服装，才重新提起了对裁制服装的兴致。

很快，撒切尔就迷上了卡丹的设计，她也因此开始关注《时尚》杂志。我们欣赏时装都是喜欢看一些现成时装的照片，希望设计师把衣服的全貌清晰地展现给我们，无论是前胸还是后背，让我们都能清楚地看到。而撒切尔更喜欢看到模特穿着这些衣服走动时的模样，她认为只有在动态下才能看出一件时装的好坏。特别是在选购衣服时，撒切尔试穿新衣服不会像别人一样，直愣愣地站在那里照镜子。她会来回走动几步，看看衣服的摆动是否协调、匀称，样式是否适当，是否合体。

不认识卡丹以前，撒切尔对高档服装并不感兴趣，她认为那些时装广告很浮华，令人讨厌。然而，和卡丹接触一段时间后，她对时装的观念彻底发生了转变。

卡丹告诉撒切尔，时装不仅仅是奢华、名贵的代名词，它可以点缀一个人的气质，让人以一个更美好的形象出现在大家面前。而且时装本身就是一种艺术，是时代发生变化的一个标志。每次撒切尔都会认真听卡丹讲时装知识，因为这些方面都与她的生活息息相关。无论是自己的公众形象，还是时代的变化，她都需要去密切关注。

穿着简洁、整齐的人会给人留下一种清爽、稳重的印象，在别人眼中的第一印象往往取决于衣着。对一般人来说，仪表似乎不太重要，但作为一名首相，那就事关重大了，因为它代表了一个国家的形象。所以国家的总统、首相和部长们出国访问的时候，都非常注重着装。

　　和卡丹熟识后，撒切尔常常请求卡丹为自己设计服装。她是一个比较保守的人，领口的尺寸略微放宽是她对设计师做出的唯一让步。而卡丹的设计风格正是属于传统的一类，刚好符合撒切尔的要求。所以当撒切尔需要出席重大议会，她又不清楚应该穿什么的时候，便会征求卡丹的意见，而卡丹也很喜欢为她提出建议。

　　有一次，撒切尔需要在美国国会发表演说，着装上她拿不定主意，就去请教卡丹，卡丹给她选了一套比较耐看的女士西装。演说完成以后，撒切尔高兴地告诉卡丹，那套衣服产生的效果棒极了。

　　或许是以前养成的一个习惯，撒切尔总是精心照料着自己的服装，打开她的衣柜，可以看到里面的衣服都和新的一样。卡丹参观撒切尔的衣柜时，看着这些整齐漂亮的女装，他内心突然产生了一个想法：时装配上合适的饰件效果必然更好。卡丹琢磨了几天后告诉撒切尔，如果佩戴一对珍珠耳环，一定会让她显得更有神采。撒切尔听了卡丹的话，戴上耳环一试，果然看着更有精神了。也是从此以后，撒切尔开始一直戴着耳环了。

　　撒切尔穿的皮鞋式样也是卡丹设计的。有一天，撒切尔对卡丹说自己一直没有满意的鞋子穿，卡丹说自己可以帮她设计皮鞋，撒切尔笑着说："你是服装设计师，怎么能设计皮鞋呢？"卡丹回答："其实设计鞋子和设计服装差不多，它们在原理上是相通的。如果您愿意，我会为您设计出一些适合您的皮鞋样式。"撒切尔同意了。

　　几周以后，卡丹把自己设计的皮鞋样式拿给撒切尔看，撒切尔非常满意。特别是青色小公牛皮鞋设计，在接下来的几年时间里，她一直都是穿着这种样式的皮鞋。

　　在撒切尔渐渐步入老年的时候，她问卡丹，自己在服装上应该做哪些变化。卡丹说："与年龄不相称的服装，就要果断放弃。

如果有些衣服实在不想放弃，可以交给我，我给您做一些修改。同时，我也会给您再设计一些新的服装。"

在时装方面，撒切尔的很多观念都受到了卡丹的影响，同时她也给卡丹带去了很多灵感和启发。卡丹的一个经典设计，夹克衫配裙裤的创作灵感就是来自撒切尔，以及后来的加长背心，也是撒切尔让卡丹设计的。

而卡丹在撒切尔身上最大的获益是在服装颜色方面，撒切尔似乎在服装的配色上很挑剔，也很有天赋，她的某些见解让卡丹都佩服不已。通过和撒切尔的谈论，卡丹大概总结了一下服装配色的特点。

很多服装在颜色或者大小上稍微变点花样，就可以形成新颖的时装式样。变花样一定要抓住重点，改变服装的一些基本点。例如两套缝制工艺相同的服装，如果把它们的整体颜色改变以后，再加上一些小装饰，可以形成完全不同的两种风格。

设计服装颜色的时候，还要注意顾客的皮肤、眼睛和头发的颜色，衣服的颜色应该衬托出肤色，同时保证与眼睛和头发的颜色和谐一致。体型也是一个关键，其中暖色调（杏色，淡褐黄色，金黄色）能掩盖肥胖，而冷色调（绿色和天蓝色）则突出肥胖。如果是体型匀称的人，就要设计一些较淡的颜色。

很多设计师都喜欢使用黑色，特别是男装，黑色比较容易被人们接受。但使用黑色时一定要注意，首先肥胖的人不适合黑色，其次一些喧闹的场合也不适合黑色。不同的颜色代表了不同的形象，红色让人看起来生气勃勃，白色则比较庄重，而灰色显得很文雅。要根据不同的场合、不同的人群选择颜色的搭配。

在卡丹的推动下，英国的服装颜色正在渐渐地进行一个新的变革。设计师们选择服装的颜色时，不再像以前那么无章可寻了，他们受到卡丹的启发，设计出了更加优秀的作品。

如今，英国已成立了时装理事会，而且每年举办一次"英国时装周"来帮助时装业发展。此外，英国的海外贸易也加上了时装这一项，他们把时装工业逐步推向海外。而这一切都是撒切尔的功劳，她是英国第一位推动服装业的政府首脑。当然，卡丹的作用也是不容忽视的。

可以这么说，卡丹不仅影响了撒切尔，也影响了整个英国时装界。在英国，提起服装，人们总是会把卡丹与撒切尔夫人同时列举出来，因为他们两个都对英国服装的发展做出了巨大的贡献。

4. 环球大使

其实，除了英国以外，世界上很多国家的服装行业都受到了卡丹的影响。从20世纪60年代起，卡丹开始向国外发展自己的服装业务。他的服装先后进入了英国、美国、日本、印度、中国等国家，每到一个国家，都会掀起一股时装浪潮。卡丹的设计总是充满新意，又符合当地人的风俗，在哪里都会得到人们的喜爱。

作为一位企业家，想要在行业的竞争中脱颖而出，就一定要走在行业的最前沿。卡丹很清楚这一点，也做到了这一点。无论是哪个国家，卡丹都遵循先入为主的原则，把最流行的时装引过去。也正是这样，他才取得了大量辉煌的成果。

卡丹第一次去日本，是受到了日本服装协会的邀请，到日本讲学。当时的日本还没有从二战中恢复元气，到处都能见到战火留下的痕迹，甚至很多小城市的残砖破瓦还没有清理干净。然而，卡丹却很有信心把时装带入那片百废待兴的土地。

在日本讲学的那一个月，卡丹每天晚上就住在东京的一家小旅馆里，在用餐上也不太适应。但卡丹却很高兴，因为他非常看好日本的市场，决定要在日本投资，率先进入日本的服装市场。但朋友们都不赞成卡丹这么做，他们认为日本的经济发展还很不稳定，在日本投资风险太高。卡丹经过不停地考察和思索，最终还是决定带领时装进入日本，在那里开拓自己的新市场。

卡丹宣布自己要在日本投资后，很多同行都投来疑惑的目光。他们感觉日本的经济还太落后，人们没有精力和金钱花在服装上，现在把时装带入日本还为时过早。甚至有人幸灾乐祸地说："卡丹先生无论做什么都想处于超前位置，但是这一次，他可能要为自己的超前做法付出沉重的代价。"

尽管到处都是冷嘲热讽，卡丹依然坚定地进入了日本市场。想在日本开辟新市场是非常艰难的，经济落后只是一个方面，真正的困难是，东方和西方的巨大差异。无论是文化、信仰还是审美观念，东方和西方都是极其不同的，这一切都成了卡丹在日本发展的绊脚石。

为了能在日本站稳脚跟，卡丹开始不停地在日本举行时装表演，组织新闻发布会，或是到大学举行时装演讲会。他知道所有人都喜欢美丽的衣服，只要一直给大家灌输时装的知识，一定会提起他们对时装的兴趣，到时候再开拓市场就很容易了。

事情的发展果然和卡丹预料的一样，经过一段时间的努力，日本有越来越多的人爱上了时装。日本政府也很支持卡丹，他们想要人们尽快摆脱战争的阴影，以一个崭新的面貌来生活。看到时机已经成熟了，卡丹开始在日本开设服装公司，公司很快就发展成了日本第一大服装公司。靠着坚定的精神和不懈的努力，他终于在这个东方的岛国上实现了自己的设想。

在日本市场的成功，给卡丹带来更多的希望，他准备把时装带入亚洲其他国家。卡丹的第二个目标是苏联，因为他和苏联总书记戈尔巴乔夫有一些交情。

有一次，戈尔巴乔夫和夫人一起来法国访问，当时，卡丹正在巴黎举办时装收藏展览会，得知苏联总书记来访，就给他们送了一份邀请函。因为夫人很感兴趣，戈尔巴乔夫便接受了邀请。在展览会上，卡丹热情地招待了他们，临走时还送给了夫人一件漂亮的黑色外套。后来，在法国举行的宴会上，卡丹成为戈尔巴乔夫的私人宾客。

有了和戈尔巴乔夫的关系，卡丹的事业在苏联进展得很顺利。采访中他说："苏联和法国不同，我会把高品质和简朴融入服装中，然后让全苏联人都穿上自己喜欢的卡丹牌服装。"和刚进入日本时一样，卡丹先举办了很多时装展。没过多久，他便在苏联创建一家服装公司，同时开设一家面积为6000平方米的展览厅。现在，在俄罗斯的很多地方都有生产PC牌服装的工厂，不下50家。

1983年，卡丹开始了自己的印度之旅，转眼之间又打造了一片新天地。卡丹就这样凭借自己冒险和坚持的精神，让自己的事业逐渐在世界各地发展起来。

无论是在设计还是在经营上，这位具有卓远见识的企业家总是比别人早一步。因为他做事的目标并不是赚钱的多少，所以从来不会为了利益斤斤计较。这种大度的作风赢得了所有合作伙伴的赞赏，也为他打开世界市场铺平了道路。

时装作为一门艺术，是没有国界的。卡丹服装不仅属于法国，也属于世界上每一个国家，卡丹带着这份信念把服装成功地推广到了亚洲。

卡丹在国外开展工作时，很少会请求法国政府的帮助，因为他和很多国家的政界名流都有直接的联系。这并不是因为他有多强的外交能力，而是他的服装受到了全世界人民的认可。穿上卡丹牌服装，会让人多一份洒脱和激情。时装艺术，无限地加重了卡丹生命的份量，越来越多的人想要一睹这位大师的风采。

有一次，印度总理拉吉夫住在悉尼的一家饭店，听说卡丹也住在那家饭店，就托人传话给他，希望能见他一面。当有记者问起这件事时，拉吉夫直言道："我非常敬重卡丹先生，能和他做朋友是我的荣幸。"

卡丹把时装带到哪里，哪里的人就会被他征服。卡丹时装不仅是在世界四大时装中心拥有巨大的影响，而且在第三世界也占有广阔的市场；不仅是人民大众对他尊敬不已，就连政府首脑也是衷心地叹服。

占得欧美的市场很困难，因为那里群星璀璨、竞争激烈；打开亚洲的市场更困难，因为那里贫穷闭塞、观念落后。但这些困难都没有阻挡住卡丹前进的步伐，他仍然靠着勇敢和奋进，在世界各国的市场上站稳了脚跟。

皮尔·卡丹是一位服装设计大师的名字，也是一个国际著名品牌，更是一种不朽的精神。他把时装带给世界各国的同时，也把国际性的服装艺术传播到了世界各地。

5. 荣誉之剑

卡丹白手起家，完全凭着自己的努力，成长为世界时装大师和超级富豪。他拥有非凡的智慧和过人的勇气，既是一位实干家又是一位冒险家，更是一位真正的征服者。在世界各地，他的品牌和事业都已经生根、发芽。

20世纪80年代末，PC时装在美国逐渐成长为第一服装品牌。当时《纽约时报》报道："卡丹先生真是一位奇才，他创造出来的PC品牌，在法国和戴高乐总统一样著名。而在我们国家，我想戴高乐的名字应该换成麦当娜，因为在我们国家，它也成为最著名的品牌。"确实，在全世界，卡丹都是叫得最响亮的一个名字。

在世界服装界里，卡丹是一位传奇的大师，也是一位优秀的前辈。其实，不仅是在服装界，在整个人类历史上，他也算得上是一位伟大的人物。

这位令人叹服的世界大师，在艺术上造诣非凡，他创作出来的每个作品，都会受到人们的追捧。他那简洁高雅的设计风格，一直到今天仍是很多年轻设计师学习的榜样。

在事业上，他也是独树一帜。每次卡丹的企业在接触一个新的行业时，他都会先做一段新行业的设计师，等他的设计被大家接受以后，他才会让自己的企业涉足这个新行业。设计师这一优势，被他发挥得淋漓尽致。

在管理上，卡丹更是与众不同。整个庞大的卡丹帝国里，只有7名主管和9名助理，全球的业务都是靠这十几个人管理。卡丹的管理风格和他的设计一样，都是那么简单明了。他们从来不会制订复杂的商业计划，卡丹说："推广的事情，交给当地的经销商就行了。我们需要做的是打造品牌、创造作品。"

1992年，卡丹被选为法兰西艺术学院院士。当时他已经70岁了，到了一个随遇而安的年龄，但他却并不安分。被选为院士以后，院长觉得已经流传了200年的院士服和配剑太过于传统，与卡丹的时尚风格不符，所以在卡丹正式进入法兰西艺术学院之前，学院专门为他设计了一套全新的院士服和配剑。

这一年年底，卡丹接受了法兰西艺术学院的院士授礼。任职的那一天，台下坐了几千名学生，都盼望着卡丹的出现。身为艺术学院的学生，谁不想见顶级艺术大师一面？

等会场所有人都安静以后，学院书记马尔赛尔·兰多夫斯基来到演讲台，发表了一段演说："首先，我代表学院感谢卡丹先生能接受我们的邀请。大家都知道，卡丹先生一生精彩的经历像一个传说一样。虽然现在他已经70岁的高龄了，但从他最新的设计来看，他的思想和风格仍然充满了朝气与活力。

"我们邀请卡丹先生成为我院的院士，主要因为，长久以来他都是集艺术家、冒险家和商业家于一身的世界顶级大师。无论是传统还是时尚，他都能很好地把握和展现给观众。他身上体现出来的艺术精神，值得我们任何人学习。

"从青年时代起，卡丹先生就成为时尚界的一个代名词。经历了几十年，他仍然是时尚界的巨头。对于他来说，时装不存在国界，也不存在种族分别。他在自己的时装设计中融入了一种灵魂，拉近了人与人之间交流的距离。

"这些年来，卡丹先生突破了许多时装界原有的束缚。现在普通人也能穿上时装，我们应该感谢他，因为是他提出了'成衣大众化'。现在我们购买男装时，有多种多样的男装服式选择也应该感谢他，因为是他引领了男装风潮。

"可以说，卡丹先生完成了很多服装设计师的理想，让世界上的大多数人都能穿上拥有自己特色的衣服。为了表彰卡丹先生完成的伟大事业，今天，我们怀着无比的热情来迎接他，让他成为我们学院的一员。现在，让我们热烈欢迎卡丹先生！"

这时，一位非常精神的老先生出现在演讲台上，台下顿时沸腾了。马尔赛尔看着台下激动的学生，心里不由得感叹："卡丹的魅力真是无人可比。"卡丹穿着最新设计的院士服，面带笑容地向学生们挥手。接着学院书记马尔赛尔走到卡丹面前，把学院的院士证书交到了卡丹手里，两人并握手致意。

马尔赛尔诙谐地对卡丹说："我记得您曾经说过，自己有一张'漂亮的脸'，而现在，您的形象已经远远超过了您的容貌。"而卡丹也幽默地回道："因为我知道，一个人脸面并不重要。只要形象高大，就算长得奇丑无比别人也不会嫌弃。"

从这一刻起，法兰西艺术学院多了一位自由院士，这也是这个学院的最高荣誉之一。因为他们不仅让卡丹做了院士，还特意为他打造了一把佩剑。

提起这把佩剑，卡丹也非常喜爱。整把剑是由十几名顶级铸剑工花费了近500个小时铸造而成。剑的造型里包含了卡丹的生命、事业和生活，是他人生轨迹的象征。

从剑的整体来看：上端的剑柄代表了人的头部，剑格代表了人的双肩，剑身三分之一处两边都带有一定的弧度，代表了女子优美的身材，剩下的剑身则代表了修长的双腿。剑的整体显示了卡丹设计的时尚女装形象，但这把剑所包含的意义远不止这些。

剑柄的头部，缝纫了三根顶针指套，代表了卡丹所获得的三次金顶针奖。指套的下面刻有一个威尼斯嘉年华的标志，表明了卡丹的出身地点意大利威尼斯。

剑柄的中间是一个心形弧状字母：M。这个字母有两重意义：一层意思是代表了马克西姆餐厅，取自餐厅的第一个字母M，遍布全世界的马克西姆餐厅已经成为卡丹的一个标志；另一层意思是代表了卡丹的一个著名设计，就是两扇肩膀高耸的男装造型。

剑柄和剑身接触的地方，还有三条细细的线。最上面的一条线象征了缝纫针，而下面两个交叉线象征着剪刀，这些则形象地说明了卡丹工作的本质，就是服装缝纫师。

　　对卡丹来说，这把剑代表了他的人生，也是对他工作的一个肯定，所以他十分珍爱这把剑。关于这把荣誉之剑，卡丹说过这样一段话："其实，这项至高的荣誉不仅是属于我一个人的，它应该属于整个时装界的。这既是对服装艺术的肯定，也是对服装设计师一个最好的赞礼。"

　　卡丹的一番话引起了很多设计师的共鸣。过去的服装设计师只是被人们看作是在布堆中工作的工人。然而时代的演变一直与服装息息相关，服装是历史发展的一个重要证据。现在，在时装大师的努力下，服装设计师终于成为一个人人尊敬的神圣职业。

第六章　做客华夏

1. 完成中国梦

一直以来卡丹都有一个梦想，就是让自己的服装品牌在中国落地生根。卡丹说："中国是一个充满神秘色彩的国家，我渴望了解这个国家，了解生活在这个国家的人民。"

曾经翻看历史的时候，卡丹注意到这样一个故事：在17世纪，有一位法国传教士名叫利玛窦。来到中国以后，他深深地爱上了中国的文化。从此利玛窦立志要通过自己的努力，推动欧洲和中国之间的文化交流。在当时各种条件都极其匮乏的条件下，利玛窦仍然坚持促进两国的沟通，为两地间的文化交流做出了卓绝的贡献。在利玛窦心里，中国是一个神奇的国家，是一个永远值得人们尊敬的地方。受利玛窦的影响，卡丹对中国一直有着深深的好奇。

1978年，利玛窦去世近300年后，这次同样是一位年过半百的欧洲老人，首次走进了这个古老的国度，他就是早已享誉世界的时装设计师——皮尔·卡丹。从巴黎飞到北京的路上，卡丹抑制不住内心的激动，不停地往窗外看。当他走下飞机，踏上这片神奇的中华大地时，颇有感慨地说："我实现了一个梦。"

卡丹来中国旅行的同时，自然也少不了服装的推广。对一个商人来说，中国无疑是一个巨大的、充满诱惑力的市场。10亿中国人，如果每人买一颗皮尔·卡丹纽扣，就是10亿颗，那将是一笔多么大的生意！

但当时的中国人看上去非常贫穷落后，连温饱问题还没有解决，根本不可能去买时装。然而，卡丹很喜欢冒险，从来不会因为困难而退缩，他坚信中国市场的可行性。在亚洲其他国家的成功给了他信心，也提供了宝贵的经验，他要到中国来开创新的事业。经过一番准备，卡丹决定开始正式进入中国市场。

来到中国，卡丹也是怀着与当年去日本一样的心情：坚定、乐观。对于卡丹如此的热衷中国，他的朋友都表示很不理解。当他开始决定要投资中国时，朋友们又担心起来。

卡丹清楚地记得，他首次来中国举办时装展览会时，中国才刚刚开始改革开放。那时的中国还处于贫困时期，包括当时的法国驻华大使都告诉他，在中国市场发展没有前途，就算要来，也要等到几十年以后，劝他仔细地掂量一下。

公司里一位高级职员对卡丹说："卡丹，你怎么选择在中国做投资呢？中国比别的亚洲国家还要落后，那里根本没人明白什么是时装。再说，他们非常穷，他们很多人的衣服都是自己纺织的，根本没人会掏钱买咱们的时装。"

但卡丹却觉得中国和法国有很多相似之处，无论是历史背景还是民族文化上。他始终相信，中国人一定会喜欢自己设计的服装。

卡丹微笑着说："放心吧，伙计。中国的经济正在快速发展，而且他们地域辽阔、人员众多，市场前景很好。如果我们能提前进入这个市场，过不了几年，一定会赚很多钱的。"虽然嘴上这么说，可只有卡丹自己心里知道，他到中国不仅是为了做生意，也是因为自己对这个文明古国有一种莫名的热爱。

那时的北京，刚刚从一场"四人帮"的噩梦中惊醒过来，它在迎接明媚春天的同时，也迎来了一位远方的神秘客人。这位客人已经给亚洲的很多国家带去了福音，这一次，他把目的地定在了中国。

当卡丹兴致勃勃地来到中华大地的时候，眼前的景象有些出乎他的意料，几乎所有人还都穿着单调的毛氏服装。而且中国的纺织产业也相当落后，一座城市也没有几家纺织工厂，甚至连工厂都很少，到处是一片荒凉、灰蒙的景象。

不过，商人总是能看到商机。在千篇一律的蓝制服中，这位世界商业界的风云人物，还是通过自己敏锐的观察力，"嗅"到了中国人对美的渴望。

但卡丹也知道自己不能着急，他说："其实，我来中国举办时装展，并没有指望立即被中国人民认同。我只是想告诉他们，世界的服装已经发展成什么程度了。我相信他们能够理解我，也能够明白服装发展的必然性。"观看了卡丹的时装展后，中国人民心中的服装观念也在一点点地发生变化。

第二年春天，1979年的3月，北方的气温还没有回升。当时中共十一届三中全会刚刚开完，大街小巷的人们还都穿着蓝色的制服，披着厚厚的棉大衣，看上去既单一又笨重。不过，一些爱美的姑娘已经穿上了花布内袄，虽然被粉红色纱巾或灰蓝色外套掩盖，但露出的一角却努力地向人们展示着她们对时尚的追求。

远在巴黎的卡丹，似乎也感受到了这一花布角传递出来的信息，他再也坐不住了。这一次，他决定要在北京建立自己的服装事业。一向高瞻远瞩的卡丹，不顾自己周围那一双双质疑的眼睛，坚定地向公司里的职员宣布："我要在中国的首都北京，举办一系列时装展览会，然后建立服装公司，带动中国服装业的发展。如果成功的话，毫无疑问我们公司将会在中国的服装市场上占得大半江山。"

当卡丹凭着自己企业家的直觉，坚定地打开中国市场大门的时候，中国的政策也在发生着变化。中共领导人提出，中国以后的发展要以经济建设为中心，国务院指出要加快发展投资少、见效快、积累高的轻工业，其中服装行业名列前茅。

1979年5月，卡丹来到北京，中国首次时装展览会隆重开幕。但是，当时观念落后的中国人还是不能够适应这种时尚，他们甚至不能理解，好端端的一件衣服为什么撕开几条口子。继卡丹之后，美国的时装表演队来到上海进行表演。上海是中国一个比较前卫的城市，见识了几场国外的时装展后，上海几家服装公司准备举办自己的时装展。

受到上海时装的影响以及卡丹的不懈努力，有很多中国人开始试着接受外国的时装。这一情形，卡丹看在眼里、乐在心里，他准备来年继续在北京举办时装展。在前进的道路上，只要有一点苗头或希望，卡丹都会紧紧抓住。星星之火，可以燎原，他已经看到，中国服装的春天马上就要到来了。

之后，卡丹开始不停地在大型商场举办时装展，为高校的学生们做时装演讲，总之，他想尽一切办法让时装融入中国人的心中。卡丹没有看错，他推行的时装文化和观念，很快便被中国人接受。很快，他成功地将时装打入中国市场。

第三年的时装展，举办得相当成功，卡丹觉得是时候把高级时装带到北京来了。没过多久，香港《文汇报》刊出了一条消息：著名时装设计师卡丹先生，今天带着高级时装进入北京，他将要在北京举行一场空前的高级时装展。

那天早上，卡丹把曾经在法国风靡一时的时装拿到北京，举办了一场时装展览会。展览会结束后，他们开始在北京出售这些时装。

在开幕仪式上，卡丹兴奋地告诉记者："曾经很多人认为，在中国销售时装是不可能的。然而，今天我们却实现了。虽然这些时装只能以外汇券购买，但却给我们带来无限的信心和希望。总有一天，中国的服装市场将会和法国一样，充满亮丽和辉煌。"

高级时装展的火爆情景，让卡丹萌生了建立时装陈列馆的想法。和北京市对外贸易公司商议之后，卡丹在北京天坛公园设立了一座陈列馆。举办时装展览会和设立陈列馆，只是卡丹在北京进行商业活动的一个前奏。通过和北京几家新生服装公司联系，他开始正式在北京生产卡丹品牌的服装了。

2. 中国模特的历程

时装只有穿在模特身上才能真正体现出它的光彩，而时装展是举办给当地人参观的。所以无论在哪里举行时装展，都最好是使用当地的模特。

现在，我们对模特这个词十分熟悉，而且我国已经出现了很多世界名模。例如陈娟红、叶继红、刘莉、石凯等，她们早就已经走出国门，走向世界。模特要比演员、歌星们的表演更具冲击力，她们总是震撼着所有爱美人的心。然而，在中国模特刚开始发展的道路上，却是充满了无尽的崎岖和艰辛……

第一次在中国举行时装展的时候，卡丹带来了几名法国和日本模特。在北京民族文化宫大厅里，中国合作方临时为她们搭了一个T型台。卡丹领着模特们来到这里，化完妆后，模特时装表演便开始了。伴随着流行音乐，十几名模特在台上潇洒自如地走着一字步，台风流畅自然。

然而，台下穿着蓝灰色制服的中国观众却觉得难以接受，特别是看到穿梭往返的男女模特相互眉目传情，更感到了一种不庄重。

这时，有一位漂亮的女模特走着猫步从台前返回，在T型台的中间突然停了下来。她轻盈地转向台侧的观众，撩起衣服的下襟，又摆了一个诱人的动作。"啊！"顿时台下的观众都往后退，想远远地躲开这位不速之客。

当时，卡丹就坐在后台，观众们的反应他看得一清二楚。对这次模特表演在观众中掀起的冲击，他感到非常满意。然而，在后台更换衣服时，出了点小插曲。

为了方便模特们换衣服，接待人员准备了一间大更衣室。由于模特有男有女，而且很多表演服装都是贴身穿的，在一起换衣服肯定很不合适。所以细心的中方接待员在更衣室中间拉了一道布帘，把房间一分为二。

知道了这件事，卡丹皱着眉头来到更衣室，一脸严肃地对接待员说："模特换衣服都是男女在一个房间里。作为一个服装模特，就是要把自己的形体展现给大家，这没有什么不方便的。请把布帘拿掉，这是我们的工作方式。"

卡丹一扫平时和蔼可亲的容貌，固执地要求他们撤掉布帘，接待员们面面相觑却又无可奈何。最终他们选择尊重卡丹的意见，把布帘拆掉了。怕有伤风化，中方接待员们还约定，这件事一定要保密，不能让任何人知道。

不管怎么说，这一切都让卡丹觉得很满意。第一次在中国举行时装表演，没有给他留下任何不愉快的印象。而时装模特这一词语，也开始在中国流传开来。可是，凝结了几千年的传统文化，并不是一朝一夕可以融化的。卡丹怀着一个热情的心在中国推广时装，却遭到了冷遇。特别是在训练模特的时候，他遇到了前所未有的困难和阻力。

1981年，中国第一批模特在上海诞生了。当时，卡丹已经回到了巴黎，在这些中国模特准备登台表演时，他发来了祝贺电，希望她们可以取得圆满成功。但卡丹万万没有想到，伴随着中国第一代模特的不是成功，而是众多的灾难。

那天傍晚，在上海一家电影院，中国第一代模特即将登台演出。几位中国女模特都显得稍微有些紧张，卡丹公司的工作人员正在为她们打气。这时，突然有一对中年夫妇闯了进来，拉着其中一位模特就要走，他们是这位模特的父母。

工作人员慌忙拦下，问怎么回事。模特的母亲说："我女儿还年轻，才刚刚进入社会，这一步一定要走得正。如果选择了一条错路，会毁了她一辈子的。" 然后，她指着模特身上那件裸露手臂的礼服说："穿这种露手臂的衣服，太不像话，我坚决不同意。"

为了尊重模特父母的意见，最后只好采用折中的办法，把衣服上的一根长飘带缠在手臂上。然而，这根飘带正是设计师的一个点睛之笔。飘带缠在手臂上，模特父母的问题虽然解决了，但服装的个性也被抹杀掉了。

还好，其他模特的家人并没有来阻止，模特时装秀正式开始了。伴随着音乐的节奏，几位漂亮的姑娘穿着华美的时装走向舞台。她们是勇敢的，是值得尊敬的。在当时世俗的眼光里，模特很像是一群不务正业的女人。而她们敢于向世俗挑战，把蓬勃的朝气和青春的活力展现出来。

关于卡丹在上海举办的模特时装秀，有位美国记者做了一番精彩的报道：卡丹先生是第一位使用中国模特进行时装表演的人。虽然这些模特们穿上高跟鞋后，走路时步履都有些摇摆不定，但是她们的勇气却很值得我们赞扬。

这一点，卡丹也很赞同，他说："是的，她们的表演还有些生涩，甚至有的人在穿上时装后还显得很尴尬。但我认为这是一个好的开始，她们都很勇敢，愿意去尝试新的东西，这一点就足够了。"

总体来说整场模特表演还是很成功的，全场掌声雷动。然而，不顺心的事接踵而至。

首先是模特徐萍哭着告诉工作人员，自己要退出表演。因为她父母只想让女儿当个默默无闻的老实人，不希望她在这种"不正当"的行业里出风头，更不希望见到她裸肩露背地供人观看。第二天，模特张艺也表示自己不会再来了。据说她在演出回家的路上遇到了一个流氓，吓得跑回家去，好几天都不敢出门。

畅行于整个世界的时装大师，在中国却遭遇了"寒流"，但卡丹并没有因此而退缩。他明白"万事开头难"的道理，同时也相信，时装的流行是必然的，只要自己坚持下去，一定能够得到中国人民的认可。

卡丹认为，大部分中国人对时装的了解还不够深，才会出现这种情况。为了能更快地改变中国人的时装观念，卡丹联系了一些中国朋友，和他们一起在中国推广时装，让中国人对时装有个更全面的认识。

后来，中央美术学院开设了服装设计专业，开始培养中国第一代服装设计师，由卡丹亲自授课。紧接着，卡丹请出好朋友吕国琼，让她帮助自己培训新的中国模特。半年后，卡丹带着这批中国模特，在北京工人体育馆举办了一场大型模特时装展。

约有20名年轻美貌的中国女子，身穿锦缎礼服以及高开衩的瘦腰旗袍，在舞台上轻盈地踱着步子。台下的中国观众目瞪口呆地盯着这些美丽的时装和女子，不禁被这美好的情景深深地吸引了，显然，从观众的反映来看，观念正在改变的中国人在慢慢地接受时装，也在慢慢地接受模特们的表演。时装展结束以后，观众们报以热烈的掌声。

这次的模特时装展非常成功，模特们给观众们带来了巨大的视觉冲击，让他们彻底体验了时装的魅力。

在卡丹的坚持和努力下，模特这一职业终于在中国落地生根。看到模特职业在中国迅速发展，卡丹欣慰地说道："一个优秀的民族，落后只是暂时的。我们一定要相信她，然后努力去做。那么只要是具有美好意义的东西，它总会有被接受的那天。"

3. 名起首都

自从20世纪80年代初，卡丹带着时装进入北京以后，平静的首都被这一场西风搅得热闹起来。大家不愿再过穿着单调的平凡日子，开始向往多彩多姿的生活。特别是新一代的年轻人，他们凭着敢于打破常规的精神，去追逐卡丹带来的新时尚。在卡丹的带领下，中国一扫过去沉闷的气息，迎来了一个崭新的春天。

20世纪90年代以前，中国人都生活在毫无光彩的灰暗服装里。而90年代后，一个和蔼的艺术大师向中国人展示了一个色彩艳丽的世界，让他们明白了服装上的艺术与美，进而改变了他们的生活。如果有人要问："90年代，中国服装市场的领导者是谁？"那么所有人都会毫不犹豫地回答："当然是皮尔·卡丹。"

时装是从西方引进过来的，也可以说是由卡丹带进来的。当年的卡丹带着一种大无畏的精神来到中国，虽然历经磨难，但卡丹还是让时装在中国流行起来。

在改革开放和卡丹时装的双重影响下，中国服装业飞速发展，特别是在首都北京。这时卡丹决定趁热打铁，不但推出了一系列新的服装，还在北京设立了几家服装店销售成衣，这一切都让卡丹服装深入到古国首都每个人的心中。

之后，卡丹在北京开设了很多服装工厂，而且新建了几家卡丹时装店。由于生产条件不足，卡丹还从国外调进来一批设备和技术员，竭力发展中国的服装市场。在"卡丹"潮流的影响下，北京正渐渐迎来了一个"卡丹"年。

由于越来越多的人想要买到卡丹服装，卡丹在北京开设的时装专营店不停地增加，卡丹时装专营店无论是名声还是经济效益，都获得了很大的成功。不久，卡丹服装成为中国社会各层人们展示自我的必需品，很多人都感叹地说："卡丹，你来得好迟啊！"

喜欢卡丹服装的人，多数都是年轻人。他们认为，穿上卡丹牌衣服是一件很光彩的事。这一点，足以令他们努力工作了。有很多年轻人表示，他们愿意拿一个月的工资买一身卡丹西装穿在身上。

卡丹时装专营店在中国这么受欢迎，还有一个原因，就是它的设计和服务都是世界一流的，和其他店铺相比，完全不在一个层次。很多人认为，来卡丹的店里消费是一种享受。

有一位记者，来北京参加一个重要会议。到了北京以后，他做的第一件事，就是到卡丹时装专营店买套西装。专营店里各式各样的西装让他眼花缭乱，而服务员耐心地给他一件件地介绍，直到他选出自己满意的西装为止。

那位记者曾对朋友说："去卡丹时装专营店买西装，是我印象中最美好的一次购物经历。那里的衣服不仅种类繁多，样式也都很漂亮。而且服务态度非常好，真是令人难忘。"

当然，很多大老板也非常喜欢卡丹服装。卡丹刚刚把时装带进中国的时候，除了卡丹服装以外，在大陆上很难见到其他新颖的服装。在以前，这些有钱的大老板也不得不穿一些样式普通、色泽单调的衣服。而卡丹来到中国后，这一切都改变了。

中国香港启发公司董事长刘云天，曾多次来到北京卡丹时装专营店，买了几十套不同样式的西服。在专营店刚建起来的时候，他高兴地说："幸亏有卡丹先生，否则想买一件西服都需要到国外去。"每次会见客人，他总是会穿着卡丹西装，自如地谈笑着。

中国卡丹时装专营店的服务非常全面，在法国店所经营的业务，中国店里全部都有，其中包括定制高级时装。这也是卡丹的一个特色，从来不会因为一个人贫穷而怠慢他。否则，卡丹便不会选择在中国刚刚改革开放就进入中国市场。

有一名举重运动员，由于只有一米五的身高，因为不能量身定做，买西装非常困难。虽然后来中国开了很多品牌店，但他一直没有找到合体的高档西装。来到卡丹时装专营店，服务人员说可以帮他定做一件。运动员欣喜万分，马上定制了一件高档西装。从此以后，无论买什么服装，他都会到卡丹时装专营店来。

通过与中国人的进一步交往，卡丹觉得自己需要更深一层地开发中国市场，他开始力求多方面与中国合作。在北京开设时装陈列室后，卡丹又在北京建立了马克西姆餐厅。

20世纪初，马克西姆餐厅是巴黎的一块金字招牌，当时是只对少数人开放的高级餐厅。在经历过两次世界大战和一次经济危机后，高级餐厅生意变得十分惨淡。在马克西姆餐厅快要破产时，卡丹收购了餐厅招牌的专利权，并把它改成了大众化餐厅。

然而，餐厅的内部装修依然非常别致、高雅，把顾客们带入百年前巴黎上层社会生活的环境之中。这一改变，让马克西姆餐厅起死回生，受到了各阶层人们的热烈欢迎。

除了北京以外，卡丹也曾在东京、新加坡、纽约、芝加哥等大城市里开设了马克西姆餐厅，使得马克西姆餐厅再次辉煌起来。餐厅以高雅和华贵来吸引有钱的成功人士，同时以物美价廉来迎接普通来宾。这种多层次的经营方法，直到现在仍然被沿用着。

4. 华裔女助手

卡丹说，他能在中国获得巨大成功，主要得益于自己的华裔女助手宋怀桂女士的努力与帮助。从一开始进入中国举办时装展，到后来在中国选拔第一批模特，再到开设马克西姆餐厅等，都是在宋怀桂的帮助下顺利进行的。

她是第一位PC服装的中方代表，也是中国第一代模特的训练者，同时还是马克西姆餐厅的中国区总经理。在中国，她被誉为现代法国服装、饮食文化的传播人。这就是宋怀桂，一位具有叛逆精神的女性。她敢于打破任何传统的束缚，她的婚姻就是一个很好的证明。

还在上学的时候，宋怀桂认识了保加利亚留学生万曼。有一次，学校组织学生一起郊游。由于对外面的美景流连忘返，回学校的时候，宋怀桂已经错过了开饭时间。

这时，万曼也刚从外面回来，看到宋怀桂愣愣地站在餐厅外，知道她没吃饭。万曼就主动请她在校外的饭馆一起吃饭，从此两个人便坠入了爱河。

但当时中外学生是不能谈恋爱的，会受到道德上的谴责，而宋怀桂却坚持要和万曼在一起。学校知道这件事后，开始对宋怀桂施加压力，逼迫她与万曼分手。他们还通知了保加利亚大使馆，要求万曼自动断绝和宋怀桂的关系。

后来，在万般无奈的情况下，宋怀桂决定和万曼联名给周总理写一封信，让总理帮助他们。在信中，诉说了他们的相爱过程以及一份结婚请求书。

等了大概有半年的时间，他们终于收到了周总理的回信。总理表示很支持他们在一起，并代表政府同意了他们的结婚请求。历尽艰辛，这对恋人总算是走到了一起，这是新中国第一例成功的涉外婚姻。

毕业以后，万曼选择在绘画方面发展。随着绘画技艺越来越精湛，他逐渐成为一位著名的绘画艺术家，而宋怀桂是一位很善于外交的人。经过夫妇两人的共同努力，他们开始在全球举办万曼的个人画展。

1980年，世界现代博览会在法国举行。受法国政府的邀请，宋怀桂和万曼带着作品参加了这次博览会，地点是巴黎大皇宫。当时万曼的作品已经享誉世界，很多人都喜欢他创作的挂壁画，法国接待员专门设置了一个场地展览万曼的作品。博览会盛况空前，各界名流都来到巴黎参加盛会，其中就有皮尔·卡丹。

在博览会即将结束的那天，夫妇二人正准备把展品装箱时，突然一位身材中等的老先生停在了画展前。他衣着讲究，目光炯炯有神，正在一幅幅地审视万曼的作品。看完之后，似乎不想离去，眼神在作品中间不停地游走。

宋怀桂觉得老人有点眼熟，近前一看，发现原来是法国著名时装设计师皮尔·卡丹。于是她走过去和卡丹打招呼，并问他有什么需求。卡丹告诉她，自己很喜欢挂画，想买几幅回去，如果有可能的话，他还想认识一下作者万曼。

这时，万曼来到宋怀桂身边，说："现在开始把这些画整理装箱吧。"说完一侧身，看见了一旁的老先生，他惊讶地问道："您，您是皮尔·卡丹先生吗？"卡丹微笑着点点头，说："是的。你是？""我是绘画师万曼，能够见到您真是太高兴了。"两个人一见如故。

从这一刻开始，卡丹和宋怀桂夫妇就为了朋友。不过只是普通的朋友，因为宋怀桂还不怎么了解卡丹。但是后来发生的一件事，让她打心底里对卡丹产生了尊敬之情。

20世纪80年代，中国改革开放以后，轻工业发展迅速。有一次，中国轻工业博览会在法国举行。其中有一幅手工编织的挂毯《万里长城》是中国近代艺术家们的经典之作，挂毯展现了长城宏伟、磅礴的气势。卡丹看到之后，心驰神往。他花巨款买下了这幅艺术挂毯，然后把它陈列在卡丹艺术中心里。

碰巧当时宋怀桂也在，看到卡丹那么喜欢中国艺术，心里不由得一喜。她发现卡丹虽然是一位西方的艺术家，但对东方的艺术同样充满了兴趣，这让出生在中国的宋怀桂对卡丹产生一种特殊的亲切感。

卡丹决定进驻中国时，他邀请宋怀桂作为自己的中国代表，宋怀桂马上就答应了。在她心里，能帮卡丹做事情是一种荣幸。

从卡丹在北京举行时装展开始，宋怀桂就一直在帮卡丹组织策划。作为法国服装PC品牌的代表，她总想为自己祖国的发展做一点贡献。每天宋怀桂都会在大学做演讲，希望能改变中国人的观念。

就这样，卡丹不停地举办时装展，宋怀桂不停地演讲、推广。终于功夫不负有心人，在两个人的共同努力下，卡丹艰难地打开了中国的服装市场。

而且，中国第一批模特也是宋怀桂亲自训练的。据宋怀桂说，当时选模特的过程就像是一个"街头运动"：看到有身材合适的姑娘或小伙子，就过去先介绍一下自己，然后再向人细细地介绍模特行业，最后问人家愿不愿意。宋怀桂可以称得上是中国的"模特之母"。其实，除了第一批模特外，20世纪80年代中国的名模几乎都得到过她的指点。即便是到现在，很多模特仍然希望跟着她学习。

1985年，宋怀桂带着12名中国模特首次走出国门，进行世界巡回演出。第一站是巴黎，中国模特表演轰动了整个欧洲，全球的时尚界因此开始关注中国。

后来，宋怀桂领着模特们在几十个时尚大国演出，在欧洲和美洲大陆兴起了一股中国风，有的国家甚至连元首都观看了演出。在宋怀桂的引领下，东方之美不仅征服了法国，也征服了世界。

巡演结束后，卡丹告诉她，想在中国建立马克西姆餐厅。但当时中外合资非常困难，首先中国人还不相信外资，不愿意合作；其次手续很繁杂，不认识相关的人，几乎不能顺利办妥。而这一切，宋怀桂都承担下来。

卡丹选好地点，宋怀桂开始在国内忙碌起来。寻找合作伙伴、店里的装修、对外的宣传，最后通过政府的层层审查。在那几个月里，宋怀桂都没有睡过一次安稳觉，终于建成了中国式的马克西姆餐厅，这也是第一家中外合资餐厅。

餐厅开业那一天，卡丹举行了一场记者招待会。一是为了庆祝马克西姆餐厅在中国开业，二是为了感谢宋怀桂女士一直以来的支持和帮助。当时，卡丹心里还做了一个决定：等中国市场发展稳定了，就把餐厅总经理的位置交给宋怀桂。虽然没有说出来，但是几年以后，这个决定却落实了。

现在，宋怀桂不仅是卡丹公司的首席中国代表，还是马克西姆餐厅总经理。她的努力和付出，卡丹都记得清清楚楚，并给了她应得的回报。

对于卡丹，宋怀桂常对记者们说："卡丹能够进入中国市场，一是凭他超前的意识，二是深厚的艺术功底，三是强大的经济实力，四是对文明古国的坚定信念。"而卡丹却表示："宋女士是我的好助手，我进军中国的很大一部分功劳都是她的。如果没有她的帮助，我可能还在中国'摸瞎'呢。"

第七章　再展宏图

1. 南下广州

提起法国，知名度排在前四位的分别是：埃菲尔铁塔、戴高乐总统、PC时装和马克西姆餐厅。其中，PC时装和马克西姆餐厅都是卡丹一手打造的。因为他不凡的成就，法国总统、意大利总统、日本天皇等很多元首都给他颁发过勋章。

几乎卡丹每到一个国家，都会有国家级的领导来接见他。可以这么说，无论他走到哪里，哪里就会铺上红毯。能够得到这种高规格的礼遇，卡丹在世界时装大师中无人可比。就连在商业界，也是凤毛麟角般的存在。

提起"红毯铺地"，初来中国时卡丹还有过一段趣事。当年，卡丹第一次来中国的时候，面对这位扬名世界的"裁缝"，如何接待他，中国接待员们颇费了一番心思。

虽然在世界其他国家，都给了时装大师卡丹极高的礼遇，然而，当时的中国人只听说过美术大师、音乐大师，却不知道还有时装大师。在中国人眼里，做服装的就是个裁缝，做高档服装的也就是个高级裁缝，但一个高级裁缝在国外为什么会得到"红毯铺地"的高规格待遇呢？显然，我们不能草率地对待卡丹的到来。

为了保证我们礼仪之邦的风度，接待人员请示了外交部，询问他们该怎么做。可外交部回应说，他们没有遇到过这种先例，建议询问中国驻法国大使馆。大使馆的人员给接待员们详细地介绍了卡丹在其他国家得到的待遇，至于在中国应该怎样接待他，他们也不清楚。

尽管费尽周折，中国接待员仍然没搞明白，应该用什么样的标准和规格去接待卡丹。卡丹每次来中国，派什么级别的官员迎接都成了问题。

　　虽然没有弄明白卡丹的具体地位，但随着他在中国的影响不断扩大，中国也越来越重视这位时装大师了。到了1990年，中国接待卡丹的规格，已经和其他国家的标准规格相同了，用"红毯铺地"来迎接这位时装大师的到来。

　　那一年，亚运会在中国北京隆重举行。亚运会是一个体现亚洲人民团结奋进的盛会，受到了全世界的关注。卡丹作为中国的贵客，出席了这场盛会的开幕式。开幕式刚开始，一位身着黑色西装、红色领带的人从后台踩着红地毯走了出来。

　　他的出现，立刻吸引了一大群记者。因为大家瞬间都瞧出来，这个人就是大名鼎鼎的皮尔·卡丹。在北京市副市长的陪同下，卡丹来到亚运会开幕式上。

　　在开幕式上，卡丹成为最受瞩目的人物。记者们对他提出各种各样的问题，从事业到家庭，从国内到国外，题目错综复杂。然而卡丹凭着自己缜密的思考和过人的智慧，一一从容地回答了这些问题，大家再一次被他的魅力折服了。

　　采访结束的时候，卡丹幽默地对记者说："希望下次见面，你们都能穿上'我的'衣服。大家穿着相同的衣服在一起交流，岂不是更快乐。"

　　卡丹这句话并非是开玩笑，他一直努力把卡丹品牌推广到中国的千家万户。每次来中国，他都非常关注中国市场格局的变化，以便自己的事业在中国能够顺利发展。

　　当时卡丹最关心的就是中国的改革开放。改革开放的大门在中国几个大城市打开以后，中国人的观念正在逐步转变。中国的市场经济格局也在迅速变革，政府把市场重新还给了企业，经济规律成为市场的主宰，决定着每一家企业的命运。

在这种时代背景下，卡丹准备带着自己的时装专营店走进中国另一个生机勃勃的城市——广州。

到了广州，卡丹和以前一样，开始频繁地举办时装展，召开新闻发布会，参观服装生产厂，到大学里组织时装演讲会。无论在什么地方，卡丹总是和助手们努力普及时装知识，提高人们的时装观念。

广州之旅快要结束的时候，卡丹开始筹划在广州设立新的时装店。他把地点定在了广州招商天成，计划在那里开设一个卡丹时装店。经过一段时间的商议，双方达成合作协议，卡丹时装店成功在广州设立。

时装店开业那天，门庭若市，热闹非凡。北京、巴黎、东京、罗马等世界上很多地区的服装商纷纷派人前来祝贺，广州市副市长也放下手中的工作，专程赶来参加卡丹时装店的开业典礼。时装店周围的几条街道插了许多醒目的广告牌，店前摆满了美丽的大花篮。

当天还来了很多媒体朋友，他们带着摄像机忙前忙后地到处拍摄。巴黎电视台也专门派出一支高水平的记者团来到广州，他们第一时间把这一消息传回巴黎，然后播向全世界，让人们知道卡丹在中国的成功历程。

一个仅有60平方米的时装店，一时间成为世界时装界热烈议论的话题。

中国的南大门广州，顺应改革开放的大气候，在卡丹引领的时装潮流下，很快发展为中国最大的服装交易市场。在天成时装商场诞生后，成千上万的广州人前来购买新服装，广州的服装市场迅速崛起。

作为服装中最出名的品牌，卡丹服装在中国也受到了众多人的追捧。只要是稍微有点经济能力的人，都会去买一套卡丹服装。此时，中国人思想观念已经发生了巨大的转变，这让卡丹服装在广州的火爆程度远远超过了在北京。大街小巷，随处可见穿着卡丹服装出行的人。

"卡丹"成为广州时装的代名词。卡丹时装专营店在广州开业以后，迅速带动了全国卡丹时装的热潮。接着上海、成都、天津、沈阳等城市也纷纷加入"卡丹帝国"，卡丹时装专营店开始扩展到全中国。

现在的中国，只要是一个稍微大点的城镇，都能看到卡丹时装专营店，而卡丹这两个字也可以称得上是家喻户晓了。而提起卡丹，人们马上会想起那个和蔼的老人，以及他那享誉世界的服装品牌。

卡丹在中国服装业取得的成功，让他萌生了把"卡丹帝国"扎根中国的想法。还是和以前一样，他要把PC品牌深深地印在中国人的心里。这一点卡丹非常有信心，因为在这方面他有着太多的成功经验了。

按照以前的方法，卡丹开始与其他行业的商人进行合作，推广PC品牌。卡丹的时机把握得非常好，当时他有两个非常大的优势。首先，随着卡丹时装专营店火爆全国，PC品牌也成为中国人所熟知的品牌，具有很高的品牌效应。其次，中国改革开放才进行没多久，很多公司都是刚刚成立，打出名气是他们最迫切的需求，他们都想和一些著名公司合作。

在这两点的推动下，很多商人都请求和卡丹合作。卡丹挑选了其中几家实力雄厚的公司，允许他们的产品打上PC品牌的商标。

与卡丹合作的商家都表示，PC这一品牌具有超凡的魔力。只要产品上出现PC商标，毫无疑问，这个产品一定会畅销全国，"Pierre Cardin"这几个字母远比在电视或报纸上打广告要有用得多。

从在中国举办第一场时装展览会开始，卡丹已经来中国十几次。在中国，已经有了几十家"皮尔·卡丹"产品专卖店，建了5家服装生产工厂、两家餐厅。并且，几年之后，PC商店迅速扩展到四百余家，PC牌香水、化妆品、皮具等也相继在中国上市。

2. 小天使的福音

1993年，卡丹开始在中国推行一个新的服装系列——儿童服装。在童装系列的推广上，卡丹要特别感谢一位中国助手——郑思思。

郑思思是北京人，上大学时读的是体育系。但她十分喜爱绘画和服装设计，毕业后，她先是去了一所专业学校教书，后来又在杂志社担任编辑记者。正是郑思思的记者身份，才让她与卡丹结缘。

一次，卡丹在北京召开记者招待会，郑思思被杂志社派去采访他。从那次见面后，卡丹再也没有忘记这位会讲几国语言、聪明伶俐的中国女子。后来，由于郑思思的丈夫在法国执教法国女排，长期住在法国，她便申请前往法国工作。

最初，她在卡丹开设的餐馆里做服务生。一个偶然的机会，卡丹在餐厅里与她相遇，老人家一眼就认出了她。两个人再一次交谈，让卡丹觉得她是一个可塑之才。

不久，郑思思受卡丹邀请，来到卡丹手下工作，负责管理商场。从此，她正式加入了卡丹帝国，每天出入卡丹总部，成了卡丹身边重要的一员。

这一次，随着卡丹童装来到中国，郑思思开始忙前忙后地为卡丹童装做宣传。为了加大宣传力度，她在西安、北京等几个大城市组织了数次儿童时装展，让中国人对卡丹童装有更清晰的了解，帮助卡丹儿童系列打开了市场。

郑思思的优秀表现，让卡丹决定重用她。考虑到她中国人的身份，以及在童装推广上的优秀表现，最终，卡丹提升她为卡丹公司童装部中国区总经理。当卡丹童装正式进入中国时，郑思思为卡丹组织了一场新闻发布会。

在北京国贸中心西楼的马克西姆餐厅，卡丹正在召开新闻发布会。讲台上，一个中等个头，精神气儿十足的意大利人，向世界发出了一个新的信号：卡丹系列童装开始进入中国了。

卡丹一直都倾心于发展世界儿童服装事业，虽然正式完成这个心愿时，他已经是70岁的高龄了，但卡丹饱满的创作热情并未消退，他渴望将自己设计的童装推向世界，特别是这片广袤的中国大地，这是他一心想要完成的一项大工程。

在新闻发布会上，卡丹向观众道出了自己多年的心声："各位亲爱的朋友，今天，我们相会在北京马克西姆餐厅。在这里，我与中国人完成了很多合作。这里不仅是卡丹文化的基地，更是中国与世界文化交流的一座桥梁。

"十几年前，我第一次来中国时，北京街头是满眼的军绿色，只能看到单一的毛式服装。现在，你再看看北京人的穿着，显然已经发生了巨大的变化。而我在中国的事业，伴随着中国的强盛也在不断地发展壮大。我的内心深处抱着一种坚定的信念：中国人民依靠聪明才智，一直都在努力地改变自己，很快中国就会进入强国行列。

"而中国的进步，也带动了人类的发展。中国人民凭借着勤劳与智慧，在各个方面都有着惊人的成绩，服装业方面一定能很快赶超世界先进水平，我对此深信不疑。

"能够成为中国人的朋友，我深感荣幸。每次来中国，我都感觉到更像是回家，在从巴黎来北京的飞机上，我心中一直渴望能够见到中国的大地……"

卡丹难以压制激动的心情，滔滔不绝地讲着自己在中国这些年来的感悟。等他热情洋溢的讲话结束后，记者们开始了提问。

首先提问的是《中国纺织报》的记者，她的问题直指主题："请卡丹先生谈一谈在中国推出儿童服饰的想法。"

卡丹微笑着扶了扶自己的金框眼镜，认真地回答道："由于中国实行的计划生育政策，大多数夫妇只有一个孩子。所以父母就会更加疼爱自己的孩子，愿意在孩子身上进行更多的投入，这当然也包括服装。

"但遗憾的是，中国的父母在服装方面缺乏相应的知识，这往往影响了儿童的审美观。因此，我不仅要在中国全面推出自己设计的服装，也要传播服装知识，让中国儿童的生活环境得到全面的改善，让中国的父母得到满足和欢乐。"

接着是《经济日报》记者提问："卡丹先生，请您谈一谈对中国人穿着变化的感受，还有在中国推广名牌服饰的前景。"

"服装业是非常重要的一个行业，有无数人在这个行业里工作，有许多劳动工人和设计人员为发展服装业做着贡献。服装业的繁荣给更多人带来了工作的机会。从原材料到服装，中间的无数程序都需要有人的参与。

"中国是世界上人口最多的国家，服装市场的潜力极大。从穿着的变化中，我能够感受到中国人对服饰的强烈需求。随着温饱问题的解决，穿什么样的衣服成为现在中国人越来越关心的问题。而且，对现代人来说，服装不仅仅是为了装饰。

"现在是文明社会。社会越进步，文明程度越高，对服装的需求自然也会越来越高、越来越多，穿着消费高档次与高质量的服装，也会随着社会的发展程度成为趋势。中国经济发展迅速，人们对名牌的需求日益强烈，不仅是成人，儿童也会在父母的影响下逐渐开始追求名牌。儿童就是未来，有人曾对1万名儿童做过问卷调查，结果显示，现在的大多数儿童已经懂得什么是名牌了……"

显然，卡丹对于这个问题非常感兴趣。出于对服装的热爱，他越说越起劲，手里拿着一支画笔，边说边不停地在身后的黑板上挥动。这位年过70的法国老人，说起服装依旧眉飞色舞，灵气十足，一点儿也不显衰老。

这次的新闻发布会，通过中央人民广播电台向全国做了报道。在录音室里，卡丹的助理郑思思通过电波再一次表明：卡丹先生对中国儿童服装的发展充满信心。

郑思思在广播里说："中国计划生育规定，一对夫妇只能要一个孩子。所以，每个家庭都更加注重孩子的优养、优教。而在卡丹先生的设计中，有流行的男装与女装，它们就像一对夫妇。现在这对夫妇已经在中国安家，之后就是自己的'孩子'——卡丹童装。"

带着儿童服装走遍世界，让所有的孩子都能穿上可爱、漂亮的服装，以一种更加快乐幸福的态度生活，这是卡丹的一个愿望。同时，有了女装和男装，就要再生下自己的"孩子"，这本身就是卡丹极具童话色彩的美好设想。

3. 中国服装博览会

1993年，中国服装业的快速发展，让中国服装协会决定，开始在中国举办服装博览会。通过和中国国际贸易有限公司、中国国际贸易促进委员会商议，计划以后每年在中国举办一场服装博览会，博览会命名为中国国际服装服饰博览会，简称CHIC。

从创立的那一天起，CHIC的办展宗旨只有一个：促进中国服装行业进步、推进中国服装品牌发展。当时中国服装业才刚起步，还处于一种很落后的水平。它需要一个盛会来吸引外国的时尚，借助他们的力量加快中国服装业的发展。

围绕着发展这一主题，CHIC推出的核心理念是：打造服装品牌推广、市场开拓、财富创造的国际化商贸平台。以这样一个华丽、新潮的平台，让外国时装设计师和公司前来参展。只要引进了他们先进的思想，我国的服装业就会进入一个全新的水平。

1993年，第一届CHIC的地点定在了北京中国国际贸易中心。国际大师与国际品牌的到来，打开了处于萌芽期的中国服装业的视野，让中国人看到了广阔的服装世界，坚定了很多中国服装商自我发展与振兴的决心，激励一批有远见的企业迈出了打造品牌的步伐。

北京中国国际贸易中心连续举办了5届CHIC，第六届CHIC迁到了中国国际展览中心（旧馆）。之后连续十届CHIC都是在这里举办的。在这10年间，主办方提升了博览会的商贸活动范围，让CHIC的服务体系更加专业与深入。

而且在这段时间里，CHIC向专业化、国际化的方向实现了跨越式的发展，在行业中的地位迅速提升，得到了世界时装界的认可。

第十六届CHIC迁往北京中国国际展览中心（新馆），博览会的重心放在了创新上。盛会从全局出发，对品牌未来的发展方向与运营模式做出了预测，以"创意"为切入点，进行博览会的转型与升级。

此时的CHIC已经成为亚洲最具规模与影响力的服装博览会，在推动中国服装业发展壮大的过程中，也建立了属于我们自己的特色和品牌。国际著名品牌与CHIC深度合作，寻求中国市场和国际品牌的结合，同时保证着中国服装品牌持续稳定的发展。

随着第三世界的崛起，全球时装市场形成新的格局已是大势所趋。作为已经深具实力的中国品牌，开始计划着用自己的实力改动世界时装界原有的规则。

到第十八届CHIC，博览会达到了前所未有的辉煌。盛会的展览面积达到了10万平方米，前来参会的专业观众超过了10万人次，有数不清的参展商和上千个著名品牌……

在世界服装业和中国政府的支持下，CHIC一直发展得很顺利。第一届博览会上，不仅来了3位世界顶级时装设计师：瓦伦蒂诺、费雷以及皮尔·卡丹，连法国女装协会总代表、中国香港纺织联合会长和中国台北纺拓会秘书长等很多服装界领军人物都来到博览会助威。而且，当时中国领导人江泽民亲自接见了他们，可以看出，CHIC多么受重视。

1993年5月，第一届CHIC在北京中国国际贸易中心隆重举行。除了国内上百家服装商参展以外，法国、意大利、日本、英国、美国等著名时装大国的200家服装商也应邀前来。

整个展览大厅共1万多平方米，分为400多个展位，世界7大时装王国的重要服装企业都在这里亮相。世界上著名时装设计师也都参加了这次盛会。

博览会开始后，所有的服装公司和设计师都拿出了自己最杰出的作品。整个展览大厅里群星璀璨，每个服装公司的展品都有他们的独到之处。时装设计师们更是展现了自己鲜明的特色：皮尔·卡丹的传统与新颖完美融合，瓦伦蒂诺的洒脱飘逸，费雷的华丽艳美，伊夫的端庄大方……艺术大师们把参观者带入他们想象中的世界。

虽然来了很多世界时装大师，但卡丹仍然是最受重视的一个。因为除了名气和才能之外，他还是第一个把时装带进中国的人。在很多中国人心中，卡丹比其他时装设计师更有胆量和魄力，最受欢迎也是理所当然。

卡丹的展位在展厅的中央位置，展位前挂了一个格外醒目的招牌，上面写着：法国皮尔·卡丹系列。里面展出了一些卡丹最新的作品，以及卡丹公司最新的流行服饰。其中，约有三分之一的服装是童装系列。

当时童装系列刚在中国推广没多久，是中国最畅销的一个服装系列，深得孩子们的喜欢。如果有孩子穿着卡丹童装上学，那他就一定会招来很多孩子的羡慕。穿上卡丹童装，成为当时很多孩子的梦想。

博览会开始的第一天，有位母亲带着女儿来展厅参观。走到卡丹的展位前，她们停了下来，小女孩指着一件漂亮的童装说："妈妈，我想要那件衣服。"女孩的母亲回道："这些衣服只能参观，不能买。"小女孩有些失望地站在那里，久久不愿意离开。

这时，组织会场的郑思思走过来，对女孩说："小朋友，想要的话把你家的地址告诉我，等展览结束了，我把衣服寄到你家里去，好不好？"女孩欣喜不已，告诉郑思思家里的地址后，高兴地跟着妈妈走了。

过了一会儿，来了两个艺术学院的女学生，参观完卡丹服装，便停在了展位前一直没走。郑思思问她们有什么需要帮助的地方，两人略带羞涩地说，她们很崇拜卡丹，希望等卡丹回来给她们签个名。

当郑思思把这一切都告诉卡丹时，老人被中国人的热情感动了。在博览会结束的那一刻，他对中国表达了自已最美好的祝福：希望伟大的中国在21世纪取得辉煌的成就！

4. 无人可及的大师

一年后，第二届中国国际服装服饰博览会在北京国贸中心拉开序幕。这次博览会一共有13个国家参展，博览会为外国企业设置了三百多个展位。

服装展位的多少，代表了一个国家服装企业在国际上占有的地位。其中中国香港独占了78个，意大利以70个展位紧随其后，法国则排在第三位。这充分显示了香港作为服装博览会组织者的实力。

在20世纪90年代，法国的世界时装中心地位已经开始动摇了，并逐步向米兰转移。90年代在米兰举行的"米兰秋冬季时装展"，在规模上已经超过了法国时装展。而且时装设计非常新颖独特，世界上所有著名的时装设计师都参加了那次时装盛会。

在欧洲纺织服装的营业额中，意大利占了40%以上。而且全球公认的30名世界顶级时装设计师中，有10名都是意大利人，其中最出名的就是皮尔·卡丹。

想成为一名顶级时装设计师，需要具备三个条件：一、有独具特色的设计能力；二、被世界时尚界认可；三、能带来巨大的经济效益。想要达到这三点可以说难如登天。

然而，卡丹在这三点上却都达到了超常水准。他别具一格的设计，可以历经几十年而不衰；在认可度上，自然不必争论，世界上许多大国，都是在他的带领下才发展时装的；至于经济效益，卡丹帝国就说明了一切。

1994年4月26日，卡丹乘坐中国民航飞机从巴黎飞来北京。在卡丹心里，不过是从一个家到另一个家，感觉非常亲切。确实，他对中国已经很熟悉，这是他第20次来到中国。

七百多年前，意大利著名旅行商人马可·波罗历尽千辛万苦来到中国，被中国的文化、艺术深深地吸引，在中国游历了17年。而现在，卡丹20次来华访问，同样会被大家传为佳话。巧合的是，这两位意大利人，他们相隔了几百年，却同是出生于意大利水乡威尼斯。这种历史的巧合，甚至让人怀疑卡丹是否是马可·波罗转世。

短短3年时间，一位享誉世界的艺术大师来中国20次，仅仅因为中国有他的事业吗？当然不是。在中国的事业，他那几位得力的助手完全可以打理。他来中国是因为对中国有种很特殊的情感，这种情感是亚洲其他国家远不能相比的。

1994年4月26日下午，卡丹抵达北京。迎接他的有卡丹公司中国首席代表宋怀桂女士，童装部经理郑思思小姐，以及一些中国代理商和政府派来的官员，红毯铺地、鲜花洒道。现在这种规格的待遇，卡丹已经当之无愧。他为中国做出的巨大贡献，足以赢得中国人的尊敬，更何况他还是联合国教科文组织的名誉大使。

还有很多合作商知道卡丹来京的消息后，想要过来迎接他，但被他一一婉拒了。卡丹告诉他们，中国就是自己的另一个家，没有必要在迎接上搞得那么隆重。虽然卡丹这么说，但仍然没有阻挡住中国人的热情，机场上迎接他的人排起了长长的队伍。

下飞机的那一瞬间，卡丹不禁再一次感慨地说："每次来中国，都有一种鸟儿回巢的感觉。特别是看到这些热情的朋友们，让我倍感亲切。"虽然经历了长时间的空中旅行，卡丹还是显得非常精神，眼睛明亮、步履轻捷。

4月下旬的北京，万物开始复苏。这是一个多风的季节，以前这个时间，户外常常是狂风卷着尘沙，吹得行人睁不开眼睛。人们头上要包一层纱巾，嘴上捂着厚厚的口罩，来抵挡沙尘。

然而，今年暖空气提前来到了这个文明古都。虽然早上和晚上偶尔也会有阵阵凉风吹过，但风很轻微，不会带起任何沙尘。花草树木已经在春天的滋润下开始泛绿，好像这些新生的绿芽也在迎接卡丹的到来。

中午，宋怀桂陪着卡丹来到了北京国际饭店。在酒店前的一块草坪上，他们看见一位老人带着自己的孙子在草地上玩足球。看着这一老一少玩得那么开心，卡丹甚至也想过去和他们玩闹一番。可是他还需要为第二届CHIC做准备，只能匆匆地走进酒店里。

下午3点，卡丹来到了博览会现场。为了节省时间，他走得非常快，从国贸大厦到展览大厅，只用了不到5分钟的时间。

其实，这段路程对卡丹来说是最清静的，既没有记者的采访，也没有崇拜者的包围。他本应该放慢脚步，调节一下自己繁忙的神经。可是一向惜时如金的卡丹，仍然步履匆匆，连随行的宋怀桂女士都有些跟不上了。

来到展览大厅，形势瞬间发生了变化。看到卡丹出现，记者们都围了上来，形成了一个包围圈。随着他的步伐，人圈也在慢慢地向前移动，而且聚集的人越来越多。卡丹从展厅门口到自己的展位，竟然用了二十多分钟。

上一届博览会，举办方邀请了三位时装大师前来。除了卡丹外，还有瓦伦蒂诺和费雷。而这一届博览会，却只邀请了卡丹一人，这便形成了一枝独秀的场面。虽然也有很多著名设计师前来，但论起声望，他们谁也不能和卡丹相比。

只要参加服装博览会，卡丹总是会带着自己的时装和模特，进行一场独具风格的时装表演。这一年，卡丹也安排了一场时装表演，地点在国贸大厦会议厅。

时装表演开始的前半小时，卡丹已经进入场地。他一边接受记者的采访，一边和观众交流、合影。之后时装表演开始了，演出非常成功。演出结束的时候，几百名观众都站了起来为卡丹鼓掌祝贺。

除了时装表演外，卡丹服装展进行得也很成功。他的展位处在展厅最显眼的位置，取名为"卡丹村"。所有的设计都独树一帜，他充分发挥自己公司的特色，继续在中国服装业占领着"霸主"的地位。

这一届博览会不仅推出了当年世界各地的流行时装，还对下一年中国秋冬季服装流行趋势做了预测。举办方分析了欧洲时装的流行趋势以及中国的基本国情，从中归纳出了中国下个阶段时装发展的三大主题："欧洲联想、超前阶层、东土神界"。

20世纪90年代的世界服装潮流是人与自然和谐相处，而博览会通常是表现这种主旋律的"重头戏"。去年在天坛表演的"世纪风"时装晚会上曾令所有的参观者为之倾倒。卡丹当时也在现场，他称赞晚会把大家带入到一场美好的梦幻之中。

在这届博览会上，卡丹公司进行专场表演后，又展出了卡丹自已最新设计的服式。这次展出，以"平民化"为主，所有的服装都以实用为主。

当然，展出也少不了写意性的设计作品，卡丹不仅设计出"未来派"作品，而且推出了"写实派"的流行服式，希望能够被中国人接受。他继续支持和推动中国服装行业的改革，中国人的服装已经深深烙下了卡丹的印记。

5. 答谢宴会

卡丹是一个随和、热情又好客的人，他热爱中国这片古老的大地和华夏这个古老的民族，希望能更多地了解中国和中国人。卡丹认识的中国朋友越来越多。在这些朋友中，既有名流精英，也有普通百姓。卡丹从来不在乎一个人是富贵还是贫贱，只要和他性情相投，他们就会成为朋友。

单丝不成线，独木不成林，只有依靠朋友们的帮助，事业才有可能取得成功，卡丹深深地明白这一道理，所以，他一直都很感谢中国合作商们。卡丹说，如果没有他们的支持，自己的事业根本难以在中国立足。同时，他也感谢宋怀桂、郑思思等人，在他们的帮助下，自己的事业才得以顺利发展。

为了表达这一谢意，1994年4月28日晚，在北京国贸的马克西姆餐厅里，卡丹举行了一场盛大的答谢宴会。卡丹给中国PC品牌代理商各发了一份邀请信，请他们参加这具有特殊意义的答谢宴。同时，宴会还邀请了每个帮助过卡丹的中国人，卡丹想要告诉他们，自己一直记得他们为PC品牌做出的贡献。

在马克西姆餐厅里，宴会布置成了一个马蹄形。卡丹坐在中间，他的对面有一个小舞台，约有三十平方米大，可供人进行小型节目的演出，舞台上摆了一架钢琴。他的背后，是一扇屏风。屏风后面，坐着十几位国际著名艺术家，他们是卡丹特意请来为宴会助兴的表演人员。

此时的卡丹，穿着一身黑色西装，内配黑白格衬衫，胸前一条红色领带，显得精神十足。卡丹的左侧是代理商，右侧是他的中国助理。与卡丹距离最近的，便是他最得力的助手宋怀桂女士。

晚上8点，宴会正式开始。卡丹站起来向大家致辞："亲爱的朋友们，晚上好！欢迎大家来到这里。我们所有人包括我自己在内，都是为一个共同的事业而奋斗，它就是PC品牌。几十年前，我有幸开创了这一品牌。虽然历尽艰辛，它总算得到了人们的认可。"

顿了顿，他用一种更加坚定的语气说道："今天，我想告诉在座的各位，或许你们在工作的过程中会遇到很多困难。但请你们一定要相信自己，也相信我们的品牌，只要不放弃，我们什么困难都能克服。这一点，我对大家有绝对的信心，因为中国人有着一种吃苦耐劳的精神。最后，我恭祝各位，能够取得自己想要的成功！"

卡丹这一段短小精湛的发言，充满了鼓舞和希望，引得周围一阵掌声。卡丹的讲话结束以后，一场精彩的表演开始了。

首先，一位中等身材的青年，拎着一把小提琴来到了舞台上。上了台，他向人们鞠了个躬，轻轻拨动一下琴弦，便开始演奏了。演奏的是他原创的一首曲子，这首曲子曾在国际大赛中获得一等奖。

琴声响起后，整个宴会顿时安静下来。琴声就像是融合了青年人的灵魂一样，时而如诉如泣，时而慷慨激昂，大家都听得入了神。曲子结束后，有很多人还沉浸在回味之中。当有人开始热烈鼓掌时，他们才回过神来。

接下来，上台的是一位女性舞蹈家，名字叫李艳，她是中央芭蕾舞团的著名演员。同时还有一位钢琴家与她共同登台，为舞蹈伴奏。当钢琴家开始弹奏乐曲时，李艳随着音乐即兴跳了一段芭蕾舞。无论是眼神、表情，还是动作、基本功，李艳的表演都堪称一流，令人大饱眼福。就算是在艺术上造诣极高的卡丹，也被眼前美妙的舞蹈陶醉了。

在卡丹的客人中，有两位四川人，其中一位名叫蒋立正，是卡丹第二天访问四川的向导。蒋立正是四川省驻北京办事处的官员，同时他也是一位著名作家，曾获得过省级文学奖。

另一位名叫祖格胜珧，藏族人，家住九寨沟黄龙寺，是一位著名的民族舞蹈家。祖格胜珧毕业于中央民族学院，学习藏族舞。虽然他已经40岁了，可是全身却充满了青春的气息。在这场宴会中，他是唯一一位少数民族演员。

到祖格胜珧上场了，只见他双手拖着一条彩色哈达来到舞台上，向大家缓缓地施了一个藏礼后，他开始挥动着哈达，跳起了藏族舞。多年的舞台经验，让他显得从容自如。

藏族舞结束后，他演唱了一首藏族歌曲。歌声悠长婉转，表达了这名藏族演员家乡的山水风情。卡丹被祖格胜珧表现出来的民族风格深深地打动了，听完歌，他站起来带头鼓掌。这时，祖格胜珧走到卡丹面前，把代表祝福的哈达送给了他，并系在了他的脖子上。而卡丹用藏礼表示了回谢，因此全场引起了一个小高潮。

整个晚上，卡丹都系着哈达。这不仅仅是因为他喜欢这条哈达，也表示了他对藏族人民一片心意的尊重。后来这条哈达被卡丹放在了自己的时装收藏柜里，他想把藏族人民的心意永远珍藏起来。

随后上台的是一位外国歌唱家。他高大、威武，穿着笔挺的西装、迈着稳健的步伐来到舞台上，敞开响亮的喉咙唱起了英文歌，底蕴十足，用男高音特有的音色和气度，让宴会上所有人都惊叹不已。

接下来上场的是一名中国年轻演员。他是中国第一批学习现代舞的人，名字叫金星。几年前，金星去美国参加了一场世界级的现代舞比赛，赢得了金牌。他那独具风格的舞步，在世界上也是非常著名的。

在舞台上表演的时候，金星总是不拘一格、随性发挥，然而每次都能取得最好的效果。或许这是因为金星的舞技已经达到了大师级水平，自由发挥才是展现才能的最佳方法。

金星和宋怀桂的女儿是好朋友。舞蹈结束后，宋怀桂上前拥抱了他，然后转身对卡丹介绍："他是我女儿的好朋友，也是我最欣赏的孩子。"

一个小时过去了，为宴会助兴的专业艺术家都表演完了。可所有参宴的人都兴致高涨，希望还有人继续出场表演。这时，一些业余人员便自告奋勇地上台了。

第一个上场的是郑思思小姐。她出生在北京，从小就喜欢京剧，而且跟着爷爷学过几年京剧。从6岁到10岁，她每天都会早早地起来练京腔。11岁的时候，因为被选到了北京市田径队，她才慢慢丢掉了京剧练习。

郑思思开唱后，所有人都被她深厚的唱功惊呆了。虽然是个业余演员，但郑思思的唱功一点也不比专业演员差。一口纯正、地道的京腔，不禁让人觉得，如果她选择进入京剧那一行业，也一定会大有作为的。

之后，上去的是一位高大的中年男子……

节目结束时，宴会也早已正式开始了。大家开心地吃着、喝着、聊着，直到深夜。宴会结束后，卡丹一边在院子里散步，一边望着漫天的繁星，思考着下一步的中国之行。

第八章　中国情缘

1. 飞往四川

1994年4月，四川的气候逐渐回暖，冬眠的动物开始苏醒，枝头的树叶也开始发芽，春意在人们的心头尽情铺展。四川在迎接春天的同时，也迎来了一位著名的国际友人，他就是皮尔·卡丹。

皮尔·卡丹不仅是一个享誉世界的著名品牌，也是一个世界传奇人物的名字。世界上很多人都把他当成一个伟人，因为他所做的事和身上具有的品质，都体现出了伟人的风范。

在作品创作上，他一直努力提高自己的艺术水平，让人们能够欣赏到更好的时装；在推广品牌上，所有的国家、种族，他都一视同仁，从来不会嫌弃别人的落后、愚昧。在对待学生方面，他总是充满了耐心和责任心，把自己所有的本领全都细心地教给他们。这样一位平易近人的老人，值得所有人尊敬。

此时，四川的省会成都热闹非凡。这个位于中国西南部的中心城市，是卡丹第20次来访中国的重点开发对象。在成都几条主街道上，人们纷纷张灯结彩、奔走相告，成都到处都传递着一个激动人心的消息：已经72岁高龄的服装设计大师皮尔·卡丹，将亲自带着他的杰作来到成都，为四川人民举办国际水平的时装展览会。

听到这个消息，最高兴的自然要数四川的年轻人了。从卡丹在北京打出名气以后，这群爱好时尚的人就听说了他的大名。虽然他们中大多数人都没有看过时装展览会，也不怎么了解时装，但他们明白，时装是漂亮衣服的代名词，也是他们即将去追求的东西。

然而，对于卡丹去四川，服装业却有很多人感到诧异，特别是国内与PC品牌商家都表示非常不理解。天津区域PC品牌西装的销售负责人郝克，专门打电话问宋怀桂："卡丹先生为什么要去四川？他怎么不到广州、大连或天津，这些地方也都有PC业务啊。"

宋怀桂解释说："其实卡丹先生这次去四川，是因为接受了四川省省长肖秧的邀请。15年前，我还在北京工作时，肖秧就和卡丹先生认识了。做了省长后，肖秧还记得他的老朋友。所以他专门邀请卡丹先生去四川参观访问，见见老朋友。"

虽然成都人民热切盼望着卡丹的到来，然而卡丹在来四川的路上却并不顺利。宋怀桂原来制订的计划，在卡丹到达成都的第二天下午和晚上，举行两场时装表演会。但1994年4月28日晚，在马克西姆餐厅举行的答谢宴会上，卡丹和郑思思小姐商议，四川时装表演会临时加一场童装表演。中国童装市场是由郑思思负责，可郑思思却因别的事情耽搁，去不了四川。

时间只剩了一天半，在没有总负责人的情况下，他们不仅要组织起来一个儿童模特队，还要把他们训练得能够上台表演，谈何容易！

而卡丹的脾气大家都知道，只要是他做出决定，轻易是不会改变的，最终这个重担落在随行的李存修先生身上。李存修是PC品牌的广州负责人，对童装的了解也比较深，由他接手这一任务非常合适。

1994年4月29日早晨，卡丹和宋怀桂等十几个人匆匆赶往飞机场。由于路上交通比较拥挤，他们赶到飞机场估计要迟到二十几分钟。卡丹十分着急，如果赶不上飞机，那么他们所有的计划都要推迟或改变，那将是一件非常麻烦的事。

所幸的是，他们乘坐的飞机仍然停在那里。中国国际航空公司得知卡丹要乘坐这一航班，为了他，飞机推迟了几十分钟才起飞，这也成为民航运输管理上的一个小事故。

看到飞机卡丹松了一口气，不管怎么说，他们总算是能按时到达四川了。在空姐的带领下，卡丹从容地走上了飞机，坐在了头等舱里。

从北京到四川成都的飞行时间为两小时，随着飞机起飞，宋怀桂女士心中的石头才算真正落下来。卡丹去四川的所有行程都是早已定好的，如果出现了误机这种事，肯定会对卡丹的名声造成不良影响，那是宋怀桂最不愿意看到的。

看着对面静静看报的卡丹，宋怀桂渐渐陷入了对往日的沉思。在她眼中，卡丹身上到处都充满了奇迹。所有与卡丹有交往的人，无不被他的人格所折服。也正是因为如此，航空公司才会宁可推迟飞行也要等卡丹到来。

用一般人的思想来看，卡丹的很多做法似乎有些难以理解。他把马克西姆餐厅交予宋怀桂管理后，从来没有问过餐厅的亏盈。作为一个著名的商业家，他好像不太关心自己事业的经济情况。

其实不然，卡丹深知"疑人不用，用人不疑"的道理。他相信宋怀桂女士，并把马克西姆餐厅所有的经营权都交给了她。而且，卡丹最注重的不是商业，而是对艺术的追求。他始终相信，只要公司的产品受欢迎，经济效益一定不会差。

对于卡丹的信任，宋怀桂也充满了感激之情。此时，她正在仔细计划着卡丹到达成都后活动的具体内容。首先是让老先生去用午餐，然后是好好休息一番，最后再去参加各种商业活动……

不知不觉中，两个小时的空中旅行结束了，他们来到了成都上空。飞机沿着双流机场的跑道缓缓降落，这时卡丹放下手中的报纸，静静欣赏着窗外的风景。有起伏的小山丘、碧绿的稻田、葱郁的树林，他不由得感叹道："成都真是个美丽的地方。"

卡丹他们从飞机里出来，看见道路两旁站着两排迎宾小姐，前来迎接的成都官员走过来和卡丹亲切握手。欢迎仪式结束后，卡丹和宋怀桂坐进了一辆卡迪拉克轿车里准备离开双流机场。

可没想到，他们突然遇上了麻烦。从巴黎出发时，为了演出，卡丹准备了几百套高级时装。这些时装虽然同一时间运到了双流机场，但在他们要运离时却被海关卡住了。

因为这些时装的入境手续办理得不全，而海关有着严格的规定，无论他们怎么解释，货物就是拿不走。幸好有两位北京海关官员跟着卡丹来到成都，通过他们的证明，卡丹才终于取走了货物。

谁知道祸不单行，卡丹到达宾馆后得知，他们的行李还没有运过来。吃完午餐，卡丹在房间里焦急地等待着。可是一个小时过去了，行李仍然没有到。他们的计划书、报告等全在行李箱里，行李没有来，一切事务都不能开始。

又过了半个小时，卡丹实在坐不住了。他让宋怀桂出去看看，到底是怎么回事。不一会儿，宋怀桂传来消息：运行李的卡车被拦在了城外。

当时，成都有规定：大型卡车白天不能进城。而交管人员认真负责，不讲变通，说什么也不让他们的大卡车入城。没有办法，宾馆只得又派出小车。行李在郊外换了车，才进了城里，结果，原来安排好的行程被迫推迟了两小时。

2. 成都会客

在卡丹来四川之前，PC品牌已经进入四川一年多的时间了。在

1993年3月份，中国成都第一家PC时装店正式开业，这是卡丹帝国在中国大陆第五个城市开设的时装店。开业那天，时装店门前的人民南路站满了看热闹和庆祝的人。

得知卡丹要访问四川，卡丹四川区代理准备在成都开设一家新的时装店。在卡丹来四川的当天，这家时装店开门营业，作为卡丹来四川的一个迎接礼物。

这一家新开业的时装店，他们已经连续忙碌了很多天。在卡丹来四川的前一天，服装货物才刚从机场送过来。那些货架上的PC服装都是才挂上去半天时间。衣架和衣柜还散发着一种木质的清香，进入店里，会让人产生一种全然一新的感觉。

按照宋怀桂女士安排的日程，卡丹午休后，前去参观新开业的PC时装店。宋怀桂陪着他来到这家时装店，时装店大约六十平方米。卡丹迅速在店里巡视了一周，感觉很不错，脸上露出了满意的笑容。

这家时装店的店主是个很有心的人。除了店里的布局很别致外，他还独出心裁，把卡丹设计的一张广告片挂在店里最显眼的位置，这张广告片也是卡丹的得意之作。他盯着墙上的广告片看了很久，然后点了点头，对店主连口称赞。

又在店里转了一圈后，卡丹发现有个玻璃货柜空了一半。他是个非常讲究办事效率的人，在他眼里，货物卖完马上就要进来新的，更何况这是刚开业。他叫来店主，指着货柜问："这里怎么没有货物，难道服装没有买全吗？"

店主连忙解释："原来已经定好的货物在飞机上耽搁了，等货物到了之后，我们会在第一时间补上。"听完之后，卡丹想起了自己下飞机之后的遭遇，也没再多说什么。

与这家PC时装店相邻的也是服装店，左边是一家童装店，右边是一家女装店。卡丹都进去仔细看了看，并特别注意了一下服装的价格，时不时地还和旁边的布里斯先生小声商量着。卡丹是在进行市场调查，这是他多年来养成的一个习惯：每到一处，都仔细查看其他服装店，然后再制订自己服装店的发展计划。

参观完时装店后，卡丹跟随着工作人员来到四川省体育馆。卡丹在宋怀桂和李存修的陪同下，走进体育馆二楼的一间会议室。四川省省长肖秧和卡丹约好了在这里见面，肖秧早已坐在屋子里，等着卡丹的到来。

肖秧第一次和卡丹见面是在北京卡丹时装展览会上。两个人都是朴实的性格，聊了一会儿他们就成了好朋友。两个月前，两个人又在北京碰面了，也是在那时，肖秧对卡丹发出了邀请，希望他来四川做客。卡丹同意了，而且已经来了。

听到上楼的脚步声，肖秧连忙站起来出门迎接，他知道一定是卡丹来了。刚一出门，果然看到了那张熟悉的面孔，这一次见面时，两个人之间显得更加自然、亲切。

卡丹紧紧握着肖秧的手，说："肖秧先生，谢谢您邀请我来四川。没想到成都竟然是如此美丽的一个城市，建设得既整齐又漂亮。这几年时间里，中国发展得可真快啊！"肖秧笑着回道："谢谢您的称赞，您能来这里，也是我的荣幸。希望您在四川有一个愉快的旅行，也希望我们之间友谊长存。"

听到这里，卡丹禁不住说道："肖秧先生，您什么时间去法国，给我一个消息，让我在法国好好地招待您。请您在马克西姆餐厅里用餐，在卡丹歌剧院里听歌剧，在PC广场上散步……"在巴黎，卡丹拥有自己的商业帝国。

但作为四川省的省长，肖秧每天都为公务奔波，根本没有时间到国外旅行。他想可能只有自己退休以后，才会有时间去巴黎一睹卡丹帝国的风采吧。

然而人民的好公仆肖秧，最终也没能去法国。他积极为三峡工程建设的各种方针和重大决策深入调查研究、辛苦忙碌，以至于积劳成疾。即使在身患重病期间，他仍坚持参加三峡工程的重大活动，直到生命最后一刻。卡丹也为此感到深深的遗憾。

卡丹和肖秧的会面很短暂，因为肖秧知道，外面有成千上万的观众正在等着卡丹，盼望卡丹出现在时装展览会上，好一睹这位世界时装大师的风采。从会议室出来，卡丹直接前往体育馆中心，一场时装展览会即将在那里举行。

当卡丹出现在展览会的那一瞬间，整个会场沸腾了，所有人都把目光投向了他。卡丹让宋怀桂女士代表自己做了发言，之后他亲自指挥，进行了一场盛大的时装表演。

展览会结束后，卡丹和布里斯、玛丽丝以及宋怀桂前往东府幼儿园。他们需要从幼儿园里选出8个"小模特"，为第二天的童装表演做准备。幼儿园距离体育馆有些远，汽车穿过了几条街还没有到。

一路上，卡丹盯着窗外，对外面的景色起了兴致。古旧的瓦房、幽静的院落，到处都显示了一个古城的淳朴民风。在路边，有几位赤着上身的老大爷在聊天，他们一边摇着大扇子，一边喝着成都特有的盖碗茶，非常清闲自在。

快到幼儿园的时候，他们看到在一个门口，有两个白发老先生在下棋，还有一群人围观。布鲁斯和玛丽丝都很好奇，他们让司机停下车，凑到人群中间拍了几张照。

又开了十几分钟，终于到了东府幼儿园。幼儿园的园长和几名老师带领着20名小朋友在门口迎接卡丹。看到卡丹下车，小朋友们冲到他面前，一起喊："卡丹爷爷好！"

那天的天气非常好，火热的太阳挂在天上，大家都站在荫凉处。太阳底下，只有一个老人被孩子们围在中间。过了一会儿，卡丹脸上的汗水开始不停地往下流，但他却坚持站在孩子们中间，以免孩子们扫兴。

为了方便卡丹选择"小模特"，一位幼儿园老师让20名孩子围着卡丹转圈、跳舞。卡丹仔细观察了一会儿，从中挑出了8名孩子，让老师做了记录。卡丹选择的这8名孩子在长大以后，都对这段经历感到自豪。而世界级的时装大师进幼儿园选模特，这在世界上也是绝无仅有的例子。

选完模特，孩子们并没有离开卡丹，他们继续围着卡丹玩耍。而卡丹看着这些可爱的小朋友们，也不禁起了童心，和他们玩起了游戏。

一直到中午吃饭的时间，他们才离开东府幼儿园。看到卡丹要走，孩子们有些依依不舍，还有小朋友折了纸鹤送给他。对着热情的孩子们，卡丹欣慰地说："中国的未来一定不可限量。"

离开幼儿园，卡丹坐着汽车来到友谊广场。这里原来是一家友谊商店，最近改建为现代化的贸易大厦。大厦的一楼，有一家马克西姆餐厅，卡丹一行人来这里用餐。用完餐后卡丹还需要休息一下，因为下午还有一场新闻发布会等着他。

3. 豪气的演讲

1994年4月30日下午，卡丹来到成都锦江宾馆，宋怀桂女士在这里为他组织了一场新闻发布会。

宾馆九楼一间会议厅内，有一张长方形会议桌。卡丹坐在会议桌的一端，随行人员分坐在两边，四川各个报社的记者则围坐在周围。几位电视台记者忙着调节各自的镜头，准备直播卡丹的讲话。

等所有人都坐定了，卡丹开始进行精彩的演说。首先，他简述了服装业的作用与发展历程："现在整个世界上，为服装业工作的人，加起来大约有十亿之多，这是多么惊人的一个数字！缩小或减少服装业就意味着失业。服装业已经成为世界商业的一个支柱，为人类的经济和文化做出了无可估量的贡献。

"而作为世界上的人口大国，中国服装业有着广阔的市场。而且中国服装行业才刚刚起步，可以说前途一片光明，我对中国未来的市场信心十足。

"服装是人类文明进步的一个标志。倒退到200年前，当时的服装主要是为了遮体保暖之用，只有纺织业，没有服装业。然而随着工业革命的进行，人们开始追求一种全新的生活。这种生活不再仅仅满足于吃饱穿暖，而是进行对美和艺术的一种鉴赏。

"对一个人来说，美的最基本体现就是外表，也就是身上的服饰。不同的人穿不同的服式才能体现出美感，所以服装业在这种趋势下应运而生了。

"而服装业的推广，则是得益于人类长久以来积累的文化习俗。服装是一种文化现象，如果让一个人裹块黑布站在荒漠里，我们从他身上什么也看不出来。通过人们各具特色的穿着，就能很容易地区分出他所处的时代和地区。

"所以，在不同地区，设计出符合他们穿着习惯的服装，就可以很轻松地推广开来。设计师的设计除了包含当地的习俗外，还融合了各种艺术美在里面，这两点恰恰符合了现代人的口味，这也逐渐推动了服装业的发展。

"服装是一个人内心世界的表现。我们可以通过一个人的穿着习惯，从中清晰地了解他的性格和思想。因此，我们不会看到大街上所有人都穿着相同的裤子或上衣，即使在一个公司里，如果不是公司规定的话，我们也很难见到大家衣着一致。

"平等是好的，但平等和完全一致是不同的，后者扼杀了人们对艺术美的追求。而服装设计师们充分利用这一点，对不同年龄、不同行业的人进行特定的服装创作。

"像拍摄电影的时候，都非常重视服装的搭配，利用服装来表现人们所处的时代背景，以及他们的职业、个性等。我曾为很多电影设计过服装，对这一点印象很深刻。

"在过去的几十年里，我几乎转遍了整个地球。无论在什么地方，我都能感受到这样一个信号：人们在衣食无忧之后，最先追求的时尚就是在穿着方面。服装业与人们的生活紧密相关，会随着人们生活的起伏而产生相应的变化。只要有人类存在的地方，就会逐渐地衍生出服装业。"

紧接着，卡丹又详细描述了品牌的重要性与形成过程："想在一个行业里有所作为，就一定要做出属于自己的品牌。有牌子与无牌子的衣服，即使质量、款式完全一样，价格也绝不会一样。

"其实这个道理大家都明白，因为所有的行业都是一样。比如说中国的茶叶，无论你采集多好的茶叶，制作多么的精致，也不如标上"中国龙井"这四个字效果好。还有像'可口可乐'这种世界著名品牌，如果他们把商标去掉，那么销量绝对会直线下滑。

"所以，品牌对于企业的发展有着至关重要的作用。有些企业为了打出自己的品牌，甚至一开始做的是亏本的买卖。但只要创作出一个著名品牌，那么离成功也就不远了。

"关于品牌的开拓与发展，我认为，第一步是先在这一行业站稳脚跟，然后再慢慢地向市场里渗透。现在亚洲纺织业和服装业正在稳步发展，我们不能急于求成，顺应形势是必要的。我们应在逐步学习的过程中推出自己的风格和品牌。

"为了PC这两个简单的字母，我花费了几十年的心血。品牌的开拓与推广需要服装公司的努力，更需要优秀设计师创作出好的作品。优秀的作品加上商家的推广，才能在市场上占得一席之地。

"通过参观国际时装展览会，我们可以发现，绝大多数服装设计师都是在设计未来的服装。服装业与时代是一种相依相偎的关系，只有引领潮流的人才会被时代选中，成为被所有人认可的佼佼者。

"无论做什么行业，如果只跟着别人走，那么他只能成为一个模仿者和商业家；而那些走在时代最前沿的人，才是真正的创造家和艺术家。

"艺术家如果能一直坚持自己的风格，顺应时代发展，作品稍作调整，长此以往就会形成一个品牌。我本人对服装的颜色有偏好，所以在我的服装设计中，颜色占了很大比重，但也不是一成不变。随着时间的变化，一切都在慢慢改变，而我们要做的就是调整同时保持着自己的特色。

"世界上的服装设计师有很多，但扬名世界的也就几十个人。这几十个设计师各自忙碌着各自的设计，虽然相互之间也会有交流和影响，但他们都始终坚持自己的风格。"

最后，卡丹开始讲述自己在中国四川的发展计划："我来中国已经很多次了，到四川还是第一次。你们现在穿的衣服样式和两年前的北京差不多，几乎都是相同的毛式制服，缺乏新意。从你们的衣着上，我难以看出任何东西，当然也感觉不到美。

"最近几年时间，中国服装业已经发生了很大变化，它正在迅速向着国际化靠近。在中国，我一共签了27项代理合同，有男装、女装、童装、领带等各种服饰。我相信中国人，因为你们拥有聪明的头脑和丰富的资源，将来一定会成为服装业的主导。

　　"我来到这里，就是为了和大家一起努力，把四川服装业推动起来。虽然我不能代表欧美的其他服装公司和设计师，但我相信他们很快也会被这里广阔的市场前景吸引，届时，四川服装业将会发生翻天覆地的变化。

　　"四川是个很有灵气的地方，这里的人有着独特的性格与习惯。我能在这样的地方为大家展示时装，是一件很值得庆祝的事……"

　　演讲结束后，记者们开始提问。"卡丹先生，这十几年来您经常来中国。这次已经是第20次了，请问您都去过中国什么地方呢？"

　　卡丹想了一会儿，摇了摇头笑着说："这事儿说起来真惭愧，大家都把我称为中国人的老朋友，其实我之前只去过中国四个城市：北京、天津、上海、桂林。"

　　"您对四川有什么印象，来到四川有没有什么特殊的想法？"

　　"首先要感谢肖秧省长，是他邀请我来的四川。四川人杰地灵，中国伟大领袖邓小平出生在这里，我一定要把这个新市场开拓起来。"卡丹回答说。

　　接着，他又风趣地说："我听说四川人都很爱吃辣，连说话都带一股火椒味。这一点和法国人有些相似，我非常喜欢。这也说明了我和四川有缘，预示着我会在这里成功。"卡丹这一席话，赢得了大家一阵热烈的掌声。

　　新闻发布会结束后，卡丹又主持了两场时装表演，一场童装表演。表演结束时已经到了晚上，卡丹用过晚餐后直接在宾馆休息。

4. 四川之游

第二天早上，卡丹在宋怀桂女士的陪同下，跟着导游，到四川的风景区游玩。四川是中国的旅游大省，有着丰富的旅游资源。在中国，仅国家一级风景名胜区，四川省就占了近五分之一。

可是，卡丹的行程排得很紧，他只给自己留下了半天的旅游时间。九寨沟、峨眉山都离市区太远，去不了；杜甫草堂、王建墓虽然离得很近，但又感觉不够味。经过对比，导游决定带他们去旅游青城山和都江堰。

青城山，位于都江堰市西南15公里，海拔1600米，在国内享有"青城天下幽"的美誉。山峰连绵起伏，山上有许多奇花异草。青城山还是一个避暑胜地，即使在盛夏，山中树林间依然充满凉气。

当时，卡丹已经七十多岁了，可依然显得精力充沛。爬山他既不用拐杖，也不要别人搀扶，步伐迈得轻盈利索，喘气均匀稳定，一点也没有老年人身虚体弱的样子。别说老年人，就连随从的青年人都气喘吁吁，跟不上他的脚步，而他却游得轻松自在。

在半山腰，有当地人卖手工艺品：大型瓶状盆景。盆景有一米多高，制作得既漂亮又逼真。卡丹停下来，走过去仔细看了个遍。然后点头称赞说："这可真是难得的民间艺术品。"同时他还遗憾地表示，如果不是盆景太大，自己一定会带一盆回去摆在家里。

过了半山腰后，卡丹继续兴致高昂地往山上爬，步伐依然很矫健。而随行人员却因体力不支，渐渐与他拉开了距离。

等卡丹从山上下来的时候，随行人员发现老先生的胸前多了两样东西。近前一看，发现是用荒草编织的两个小动物——蚂蚱和蝈蝈，形象逼真、娇小可爱。卡丹说这是在山顶上一个孩子送给他的，说完他还故意在大家面前走来走去，让两个小东西来回跳动，逗大家开心。

平时，卡丹的穿着一向以简洁为主，衣服外面从来没有任何饰件。而这一次他不仅带了两个小饰件，还拿它们来和大家开玩笑，可见他彻底被青城山的美丽以及山中人们的热情感动了。

卡丹在青城山，没有被记者们堵截。因为相关部门已经和新闻界打过招呼：卡丹先生来四川时已经召开了新闻发布会。所以他外出旅游时，不准采访，让老人在清静的环境中好好地游玩。

然而，四川电视台还是派来了几名记者，但他们并没有跟着卡丹进行采访，只是在远处拍一些外景。有一名记者聪明，他知道不能采访卡丹，便去采访卡丹的随行人员。随行人员中有两位来自巴黎的男模特，这名记者和中国代理打过招呼后，拦下了这两名男模特。

两个洋小伙也很喜欢热情的中国人，知道记者要采访他们，两人非常配合。记者端起镜头对着他们，领头的中国代理成了临时翻译员。这时，旁边的游客们也都停了下来，一起看热闹。

节目主持人拿着话筒，先对着镜头做了一段开场白："观众朋友们，你们好！我们是四川电视台节目组，来到青城山直播卡丹先生的现况。站在我身边的是卡丹先生带来的两位世界名模，通过他们，我们来进一步了解时装大师皮尔·卡丹。"

采访开始后，记者问了他们很多问题，当然多数都是关于卡丹的。两位模特都详细地做了回答，中国代理也都一一进行了翻译。过了一会儿，看到卡丹要从山上下来了，记者们才匆匆结束了这次采访。

游完青城山，卡丹等一行人马上出发前往都江堰。在路上，导游详细地给卡丹介绍了都江堰。四川之所以被称为"天府之国"，就是因为都江堰的修建。都江堰修成后，川西的人们彻底掌握了西蜀水利，创造了几千年来川西平原"水旱从人、不知饥馑"的成就。

2000年前，秦国蜀郡太守李冰，通过总结以往的治水经验以及实地考察，率众修建了这座伟大的水利工程。工程分为三部分：分鱼嘴、飞沙堰、宝瓶口。这三个部分有机地组合在一起，利用天然地势，控制了西蜀水利。

灌溉面积也由以前的300万亩，增加到了现在的1000万亩，可以说是福泽了整个川西的人民。

导游先是领着卡丹等人来到一间电影放映室，为他们播放了英语版科教片《都江堰》，让卡丹对这座水利工程有个大致的了解。看科教片时，卡丹彻底被中国人的智慧折服了。两千年前，中国人就已经能够修建如此完美的工程，真是令人叹为观止。

从放映室里出来，一位随行人员幽默地对卡丹说："今天，您来参观李冰修建的都江堰，然而，2000年前的李冰却穿不上您设计的时装。"

这时，卡丹转过头对他说："这就是历史。百年以后，我们都会成为历史人物。我们活着的时候，就要尽量为自己的时代和社会做贡献。李冰是一位伟大的历史人物，在当时，他为社会做出了重要的贡献，解决了很多人的吃饭问题，和他相比，我们都显得微不足道。"

卡丹跟着导游，来到都江堰"观景台"。"观景台"位于宝瓶口上游一公里的地方，是一处高高的平台。站在平台上，能够看到整个水利工程，是参观都江堰全貌的绝佳地点。

都江堰成为旅游景点后，开发商在这个平台上建立了一座古代楼阁式建筑。来这里观景的游客，再也不会被日晒雨淋。建筑分为两层，取名"秦观楼"，非常壮观，和都江堰的整体格调很搭配，让人有一种身陷其中的感觉。

进入"秦观楼"，看着远处的景色，吹着阵阵凉风，卡丹觉得心旷神怡。近观脚下奔流的江水，远眺都江堰工程的宏伟雄姿，卡丹触景生情，不禁发出了一阵感慨："10年前，我就曾受到过中国飞檐古建筑的启发，创造出了一种翘肩的服式。今天来到都江堰，我又有了新的感悟，中国真是一个伟大的国家。"

这时，他指着远处的都江堰接着说道："都江堰不仅是一项伟大的水利工程，同时它也是一件高超的艺术作品。你们看，从头到尾它都显得那么自然流畅，几乎可以说是浑然天成。李冰真是一位杰出的东方艺术家。"

历史对李冰的评价很多，但多数都称赞他是伟大的水利工程家、政治家。认为李冰是艺术家的，卡丹是第一个。可细想一下，当一位艺术家看到另一位艺术家的杰作时，难免会有一种惺惺相惜的感觉，这种评价也是正常的。

从都江堰开车出来，导游建议大家去成都大熊猫繁育基地参观。卡丹对这种仅中国才有的动物也有些好奇，就同意了。

当时，成都大熊猫繁育基地是世界上唯一的大熊猫人工繁殖场所，虽然成立时间不长，但已经成功培育出6只大熊猫。参观完繁育基地，卡丹高兴地说："大熊猫在这种优越的环境下不会再灭绝了。"

回去后，卡丹又开始继续忙碌自己的事业了，在成都举行了一系列的时装展以及模特时装秀，为成都的人们带来了更多惊喜。随后，他还与四川经济贸易发展中心建立了合作伙伴关系，成立了四川马克西姆食品有限公司。卡丹已经开始准备全力开发四川市场，让卡丹帝国在中国第五个城市扎根落户，并且借此逐渐向全中国推广。

如今，中国PC服装专卖店已经遍地开花，许多追求时尚的青年都以拥有PC服装而自豪。PC品牌的其他产品也随处可见。卡丹已经在中国彻底站稳了脚跟，也让自己的名字响彻了整个中华大地。

20次中国行，让卡丹的事业在中国取得了巨大的成功，让我们期盼着这位伟大的艺术家下一次的到来。

5. 风靡台湾

PC品牌不仅遍布了整个中国大陆，在中国台湾，也十分受欢迎。卡丹推广自己事业的时候，一直都记得这个位于中国东南部的岛屿。他虽然很少去台湾，但经常对周围的人说，要找一个合适的机会，把PC品牌发展到台湾去。

卡丹从四川飞回巴黎没多久，就有一位台湾商家请求代理PC品牌。卡丹觉得这是一个好机会，和这个商家见面商议后，他们之间就达成了协议，这位商家成为台湾首家PC品牌代理商。

从这一刻开始，卡丹的事业正式进入中国台湾。当时，台湾的经济要比大陆发达，人们的观念也比较先进，所以时装在台湾发展得非常快。短短一年后，卡丹时装店就已经遍布了整个台湾。

在台北市天母西路中心街，卡丹设立了一家时装店。店内的装修典雅高贵，进入店里让人有一种身处王室的感觉。时装店位于中心街的黄金地段，每天店里人来人往，客流不断。

其实，台北市天母西路并不是仅有卡丹这一家时装店，而是各色时装店林立。很多世界著名品牌进入中国的首选城市就是台北，他们认为大陆的经济水平有限，而台北则能跟得上时代。

所以在天母西路中心街，各种款式、各种风格的世界品牌应有尽有，是台北市购买服饰的天堂。初次来到这里，会让人产生一种眼花缭乱、目不暇接的感觉。虽然中心街只有短短一公里，但是当我们穿过这条街时，却能体会到世界各地流行时装的顶级艺术。

世界品牌的林立，自然也就造成了激烈的竞争。在中心街设立的品牌时装店，全都是独树一帜，有自己明显的优点与风格。这些品牌都是来自世界时装大国，像法国、意大利、英国、美国等，服装品质绝对一流，而且款式新颖多样。每年都有大量顾客来这里选购衣服，一直到现在，这里依然是台北市购衣的最佳之处。

巨大的竞争力，让台湾的商家们全部都精益求精。包括卡丹时装店，也在不断地改进和完善之中。卡丹更是充分利用自己事业的两大优点：一是PC品牌在世界上所拥有的极高知名度，二是卡丹服装的过硬质量，在台湾发展自己的事业。

很快，PC品牌以它独特的魅力吸引了大量台北顾客，每天卡丹时装店都客流不断。特别是到了节假日，这里可以说是门庭若市，时装店的销售量远高于其他品牌店。

很多台湾媒体开始对卡丹品牌产生了兴趣，他们想知道为什么卡丹品牌不和其他商家一样，选择由台湾进入中国市场。有一次，卡丹来台湾，就有记者问他，是怎样看待中国大陆与台湾的不同。

卡丹回答："对我来说，无论是大陆人，还是台湾人，在本质上是相同的，因为你们都是中国人。虽然现在你们的观念有差距，但你们的文化是一样的。我相信，随着信息化的快速发展，大陆人和台湾人在思想观念上很快就会达成一致。

"而在经济上，我认为中国大陆将会走得更快。因为有许多海外华人都在帮助大陆，无论是经济上还是科技上。甚至以前从大陆出去的人，现在也开始拿钱在大陆投资。而且大陆劳动力充足，原材料也便宜。这些优点会让其迅速超过台湾和香港，成为一个世界顶级市场。"

这时卡丹眼望着大陆方向，意味深长地说："我选择在中国大陆投资，是一个双赢的做法。在发展我的事业的同时，会给很多中国人带来工作机会。仅天津一家实业工厂便有上千的工作人员，而且他们也为我带来了巨大的经济效益。"

能够说出这一番谈话，在当时的西方人中，实在是寥寥无几。大多数西方人都认为，中国是落后的，中国人是愚昧的。而身为西方人的卡丹，通过对中国进行充分了解后，说出了这些观点，真的是非常可贵、可敬。

说到这里，卡丹稳定了一下情绪，然后才接着说下去："中国正处于一个蜕变的阶段，需要一段时间来调节。中国地域辽阔、人员众多，问题只能慢慢解决。我相信中国人的智慧，他们一定能很好地处理所有的问题……"

在接下来的采访中，卡丹还表示，衷心希望大陆和台湾早日统一。他说："同样都是中国人，大家没必要再分离开来。海峡两岸统一，对两岸的人民都有好处。"

无论在台湾，还是在大陆，卡丹都保持着一颗"中国时装心"。他一心只想让更多的中国人了解时装风采，跟着他的脚步进入时装世界。在大陆和台湾的成功，让他的事业全面地覆盖了整个亚洲地区，全亚洲人都已经认可了这位艺术大师。

1995年5月，第三届中国国际服装服饰博览会开始了，这一届博览会名为"风从东方来"。晚会展示了新一代的时装潮流，中国已经成长为了东方时装大国，这也预示了未来的时尚重心将转向东方。世界服装设计大师费雷在博览会上大胆预测："中国将在下个10年引领世界时装的发展。"

上一届博览会已经预前宣布了这次博览会的三大主题：欧洲联想、超前阶层、东土神界。博览会开始后，人们终于见到了这三个充满艺术气息的时尚主题。

在"欧洲联想"中，以一些古老的装束和怀旧的思绪为主，向人们展示了很多古香古色之美。虽然时光在流逝，但古老服装的风貌依然会留在人们的记忆里。主题中，还把美洲的时装风格和欧洲风格进行比较。美洲风格充满朝气和活力，像一位精力十足的青年；而欧洲风格却充满了深沉与老练，像一位历经沧桑的老者。

而"超前阶层"这一主题，带有一股别样的朴实感。重点突出了朴素的工装和便装，从中透露出一种现代工业化的美。服式不刻意雕琢，少量的点缀和自然的外观，再加上随意的服式组合，精妙的搭配手法，显得含蓄而轻松。

"东土神界"则重点讲述了东方之美。中国古代的皇宫和传统服饰的局部特色，是整个主题的灵感来源，主题还特意加了一个代表建筑——天坛。天坛展现出了东方的神秘、含蓄、华而不艳等特色，在朴素中体现高贵。

卡丹也来中国参加了这次盛会，他来参加一年一度的中国服装博览会似乎是自然的。如果他不来，人们在感情上不能接受，所以，他又来了。

在这一届博览会上，卡丹的设计依然独具匠心，吸引了众人的眼光。显然他的最新设计又掀起一股服装旋风，并将会一直持续到21世纪。

在中国，19年来，卡丹曾受到多位中国领导人的接见。1995年5月15日，在中国服装服饰博览会期间，他再次受到国家主席江泽民的接见。这位时尚界的领袖，他的名气如同春风般吹遍整个中国大地。

卡丹是一位具有传奇色彩的人物，他凭借自己的服装设计技艺，赢得了中国人爱美的心灵。然后运用自己的天才经营手段，让自己的形象、品牌和艺术深入到人们心中，向人们阐释了什么叫美，什么叫艺术。

第九章　宝刀未老

1. 担任时尚评委

1995年12月，国际青年时装设计师大赛在巴黎举行。这是一个世界时装顶级赛事，凡是在这个比赛上获得优秀名次的设计师，会被世界各大时装公司抢着聘用，而且多数都能成为著名时装设计师。

大赛是专门针对服装设计教育而设定的，它的重点是要考察设计师的思维拓展设计，以及设计师在服装方面的设计创意。大赛有着严格的规则以及公正的评判，是被全球服装业认可的一个服装设计比赛。

大赛的宗旨是促进国际服装教育的发展，以及东西方服装文化的相互交流。同时，借此发现年轻的服装设计人才，并为他们在时装界的发展铺平道路。

每一届大赛的评审委员会主席都是邀请服装界的权威人士担任，而评委成员，则是由来自世界各地的著名服装设计师、知名服装院校的教授和资深的服装评论家组成。强大的评委团，充分显示了大赛的权威性和学术性。

这一届比赛的评委主席是雅克·穆克里埃，他邀请了卡丹来担任评委。卡丹欣然接受了邀请，他认为指点新一代服装设计师是一件非常有意义的事。

这项大赛每届都有一个明确的主题，这一届的主题是：为异国朋友的生日晚会设计礼服。比赛规定：参赛人员必须是服装院校在校学生。已经毕业参加工作的设计师，或企业培养的设计师都不能参加比赛。这相当于画了一条起跑线，全世界所有参赛人员都是在同一条起跑线上，大家进行公平的竞争。

而且大赛规则还有很重要的一点：参赛人员的作品，从设计构思、设计草图、服装初样直到成衣制作，都是由参赛人员独立完成。学生的导师只能在宏观上进行指导，而评委则是以设计草图和成衣的展示效果进行最终评判。这就要求参赛人员对服装必须具备全面的了解，无论是服装设计还是服装制作，都要有详尽的认识。甚至包括对设计效果的表达能力也要非常优秀，以便向评委们介绍自己在创作时的一些特殊想法。

这届大赛新增了一个内容：对首饰的设计。服装和首饰都是人身上的装饰物，如果搭配不得体，两者就都会失去它们原本的作用。所以，大赛比以前多了一条规定：设计者每套服装都要配上相应的首饰。对参赛人员来说，这既是一个挑战，也是一次机遇。

卡丹对增加设计首饰这一规定也比较赞同，在接受采访的时候，他说："服装和首饰的搭配设计可以提高设计师全局掌控能力。它会时常提醒设计师，在设计服装时不要只沉迷于某个部位，要以服装的整体设计为重。"

比赛地点之所以选在法国，除了法国是一个时装大国外，还有一个重要的原因，是向世界展示法国先进的时装教育体制，供其他国家学习。

法国非常注重服装院校的教学与社会发展紧密结合，每所院校办学的方针、目的都十分明确。而且院校的教学内容一直处于变化之中，根据社会和时代的不同需求迅速革新。

巴黎有三所著名的服装院校，他们都一直在创新中坚持着自己的特色。艾斯莫德服装设计学院的教学是以成衣设计为主；巴黎服装工会服装设计学校则是以设计高级时装为主；而巴黎服装商学院是以服装的经营和管理为主。

其实，在巴黎举行的时装表演，都带有一定的商业性。时装比赛也是一样，在比赛的同时达到宣传的效果。所以对参赛的观众，也增加了一定的限制。

时装比赛的观众大致分为三类：社会名流、专业客商和新闻界。时装比赛从来不销售门票，全凭请柬入场。除了电视摄影记者，所有的观众都是来自服装业，有服装设计师、服装运营商、时装刊物记者等。

这些人都是"巴黎高级时装行业会"的注册人员，他们都是服装业的爱好者，也是真正懂这一行业的人。因为时装演出的请柬全是由行业会发送。请柬一般会在演出开始的前三个星期发出，这些人便在这一时间段争取请柬。

比赛开始后，学生们陆续带着作品来到展示台上。看着这些新秀们的精彩设计，很多评委都露出了开心的笑容。江山代有才人出，这些即将成为设计师的学生都非常优秀，未来的舞台交给他们很令人放心。

在比赛的过程中，卡丹发现有一半以上法国学生的设计风格与自己相似。而且让这些学生挑选评委评价他们的作品时，学生也都希望得到卡丹的指点。

有位叫狄安娜的女学生，设计了一款白色晚宴礼服，优雅中带着一丝可爱，搭配的首饰为一条金色项链，与服装非常相配，深得卡丹的喜欢。当卡丹称赞这一作品时，狄安娜激动得流下了眼泪。她从小就梦想做一位服装设计师，而她最崇拜的设计师就是皮尔·卡丹。现在得到了大师的认可，她自然难以抑制内心的那份喜悦。

每年，法国设计师都会在时装比赛上大放光彩，今年也不例外。从这届国际青年时装设计师大赛可以看出，法国学生设计出来的服装，多数都呈现出一种既简洁、大方又不失高雅、华贵的设计风格。

卡丹非常喜欢这种设计风格，在点评时，他说："简洁与高雅并存是法兰西最独具特色的文化风韵，我很高兴看到孩子们继承了这种文化。你们这种设计风格永远不会过时，因为它代表了一个民族，希望你们能一直坚持下去。"

在国际服装文化交流舞台上，真正有价值的东西不是赶新潮，而是创作出能代表一个民族文化精髓的作品。这是国际青年时装设计师大赛举办的初衷，而这一届比赛，法国学生很好地传达给了人们这一点。

国际青年时装设计师大赛结束的时候，记者们全向卡丹靠拢过来，询问他法国时装潮流的走向。这时的老卡丹谦虚地回答："现在时装界已经不再是我的时代了，我并不能很好很准确地回答你们。"

然后，他指着这届大赛的前几名说："你们更应该多关注这些时装界新星的看法，未来的时装是由他们创造的，他们才是时装潮流的引领者。"

的确，现在的卡丹开始走向幕后，由一个站在舞台上引领时尚的艺术家，转变成为教育下一代的时装评论家了。任何人也不可能一直占领着时尚的舞台，到了合适的时间就应该把接力棒传递给下一代。

然而卡丹在国际上的影响，仍然是无人可比的。就算是在以时装闻名的法国，卡丹也还是占有举足轻重的位置。新一代的年轻设计师都是以卡丹为目标，望着他的背影成长起来的。卡丹的设计风格依然在延续，成为一个不朽的经典。

2. 成功秘诀

年轻人喜欢学习卡丹，因为他是一个成功人士，在艺术和商业上都取得了巨大的成就。卡丹的成功并不是靠运气，而是靠他的勤奋好学和艰辛实践。卡丹曾说过："无论是谁，如果没有学识，不思进取，那么他就注定是个失败的人。"

从家乡出来后，卡丹就一直在巴黎跟着著名服装设计师学习，先是夏帕瑞丽，接下来是迪奥。在这两位大师的影响下，卡丹的设计进步神速，成为小有名气的设计师。接着他又去读了5年法兰西艺术学院，以及6年巴黎大学经济学院。艺术学院的学习，让卡丹的作品变得更有内涵；而经济学院的教导，则为卡丹建立自己的商业帝国打下了基础。

一直以来，卡丹都很讨厌只会侃侃而谈的人。他经常教育手下的职工，任何事情，只有做过之后，才能发现其中存在的问题。不讲究实践的人，多数都是因为懒惰或懦弱。

从提出"成衣大众化"的口号到引领男装风潮，卡丹每产生一个新想法，都会努力把它变成现实。只要他认为是对的事情，就勇于尝试。他从来不害怕失败，失败并不可怕，停滞不前才是通往成功的最大障碍。

提起自己的成功，卡丹还特别强调一点：在创业的初期，一定要把资金积累起来。只有拥有雄厚的资金，自己的企业在面临困难时才不会无以应对。千万不要搞盲目的扩张，尽量让公司的增长速度和盈利水平保持在同一水平线上。

几十年来，卡丹经营的企业从来没有向银行贷过款，这一点，可以说是任何企业都做不到的。在一次采访时，卡丹自豪地说："我们企业发展所需要的资金，都是来源于公司内部。我们的经济能力足以支撑企业的发展，不需要向银行贷款。所以我从来都不用看银行的脸色，因为我自己就是银行。"

谁都知道企业的发展需要资金，在企业发展顺利时，人们总想让企业走得更快，从而向银行借取大量的资金；在企业遇到困难时，人们更想从银行借钱渡过难关。如果经常从银行贷款，企业的资金会变得难以周转，一旦公司遇到大的变故，或市场发生了某些调整，企业就可能无法承受，甚至会面临倒闭的危险。

由于企业的发展资金全部来自公司，卡丹从没有举行过企业预算会议。也有一些记者对卡丹提出批评，认为他的这一做法太保守，妨碍了企业的发展。而卡丹并不这么认为，他说："看待问题，要从长远的利益出发。靠贷款迅速崛起的企业，没有一个能够长久地维持下去。只要企业还在向前发展，我们没必要急于求成，稳中求胜才是明智的做法。"

确实，我们做事不需要跟随多数人的意见，要靠自己的头脑和经验去判断对与错。卡丹从一个身无分文的乡下青年，短短5年时间就成为高级时装师，也必然有着自己独特的思想和见解。所以，不管别人怎么说，卡丹都依照自己的经营方式，支撑着一个商业帝国。

卡丹帝国的建立，靠的是PC品牌的成功推广。卡丹很清楚品牌对企业的重要性，所以在企业刚起步时，他一直在巩固自己的创作风格，打造品牌。

PC品牌一个最突出的风格就是简洁明快，这也是所有艺术相通的地方。卡丹说："作品某一精彩之处重点突出就是艺术，想要做到面面俱到，只会慢慢地丧失自己的特色。"像PC品牌的广告，既不需要多彩的画面，也不需要华丽的辞藻，只要在广告牌上写"Pierre Cardin"几个字母就足够了。然而真正能理解卡丹用意的人，能有多少呢？

有一次，卡丹和朋友在圣·奥诺里大街散步。走着走着，他们看见墙上挂着一块PC广告牌，上面密密麻麻地布满了广告：有手工版的、印刷版的，字体东倒西歪，有的字还重叠在了一起。在广告牌的两端，附上了PC品牌的商标。卡丹摇了摇头说："这广告太凌乱，又复杂，完全没有体现出PC品牌的风格。"

当他们沿着街道快要走到尽头的时候，前面十字路口左侧，有一家PC时装店。时装店在二楼，正对十字街口的拐角。时装店的墙上印着两个白色的词：Pierre Cardin。卡丹满意地笑了笑，对朋友说："这才是我要的效果。"

时装店的位置非常好，在著名的圣·奥诺里街道口，与总统府爱丽舍宫只隔了一条街，只要是来拜访总统府的人，都会经过这里，看到时装店墙上那两个醒目的词。

这家店是卡丹早期开的一间时装店，可以说是卡丹帝国的一个典型代表。经历了几十年的风雨，它依然保持着最初的风格。这时，卡丹的心情变得非常好，他邀请朋友一起去这家时装店里参观。

来到店里，他们体会到了一种温和、静穆的气氛。每个衣架上挂着20套时装，相隔一米左右，在服务台站着4位衣着得体的服务员。店里有几位顾客在细细地观看衣服，他们似乎不像是买主，而像是来这里欣赏一件件的艺术品。

其实，这家店的主要作用确实不是销售，而是展示新品。卡丹企业设计的新作品，首先会在这里展出。收到一定的效果后，才会组织工厂生产，然后再向全世界推广。这里可以说是PC品牌推向世界的桥头堡，到处都充满了自然简单的艺术风格。艺术与事业不一定非要豪华、阔气，简单一样可以造就名牌。

PC品牌打出名气后，卡丹十分珍惜并努力维护这一品牌。

一次，在巴黎世界服装展览会上，卡丹带着几个助手来到PC品牌展厅前。看了展厅的布置后，他叫来了展台前的工作人员，对他说："这里的布局与我们公司品牌的创作风格不符，你马上回公司找一名设计师来，把这里重新布置一下。"说完卡丹就坐在了展厅前，一直等公司的设计师来，把展厅的布局调整到他满意后，才带着助手们离开。

还有一次，卡丹外出巡视巴黎几家主要的时装店。当他进入第一家时装专卖店时，发现有几件PC品牌女装制作有些粗糙，有的地方线头没有剪掉。虽然只是一些小问题，但卡丹却非常不满。他找来店主，要求立即把这几件女装撤掉。

店主看了看衣服，不解地问："这几件衣服的质量没有问题啊，为什么要撤掉呢？"

卡丹说："你仔细看看衣服的缝制，有的部位锋线都没有沿着衣服边。而且，结尾工作处理得也不好，有些地方线头都没有剪干净。这些问题看似不大，但如果不处理好，终有一天会酿成大祸。"店主连忙点头称是，把这些衣服撤了下来。

这就是卡丹的追求，达不到他的要求，就不准上市。也正是因为他如此重视品牌的声誉，PC品牌才能在过去的几十年里经久不衰。

卡丹敢想敢做、胆识过人，从来不会随着多数人的脚步走，创新是他生命中最主要的格调。在艺术创作上，他引领着时装进行了几次重大革新；在事业推广上，他敢第一个跨入任何一个经济上暂时落后的国家。卡丹的成功是必然的，因为世界最需要的就是这样的人。

3. 包围总统府

通过几十年的艰苦奋斗，今天的卡丹企业，在全世界都拥有稳定的市场。不仅是一些时装大国，就连第三世界的人们，也都用上了PC品牌。卡丹企业每年都有数百亿的营业额。而卡丹个人每年会有高达两亿美元的收入，在整个世界，他也是名列前茅的大富翁。

提起自己的企业，卡丹感到非常自豪。他访问美国时，有一位《纽约时报》记者采访："卡丹先生，请问您的企业已经发展到什么规模了？"他没有直接回答，而是举了一个例子："每年我们企业生产出来的PC牌领带，如果把它们头尾连接起来，一直沿着赤道排下去，可以绕地球三圈！"

虽然以前发展企业经历了很多磨难，但取得如此辉煌的成绩，也足以令卡丹感到欣慰了。无论是在艺术创作中，还是在商业经营中，卡丹靠着出奇制胜这一谋略，成功闯出了属于自己的广阔天地。

在过去几十年的岁月里，卡丹每次设计的时装都独树一帜、力求创新，始终走在时代潮流的最前端。而经营企业的方法卡丹更是别具一格，如果他认为一个市场有前途，那么无论经历多大的困难，他都会把这个市场开发出来。这一切，既给世界时装界注入了活力，又促进了各国之间的服装文化交流，为世界的发展做出了巨大的贡献。

卡丹手中的那支绘图笔，充满了不可思议的魔力。他就是用这支神奇的笔征服了法国时装界，也是用这支笔把PC时装推广到了全世界的服装市场。这支神奇的笔，绘出了整个"卡丹帝国"。

此时的卡丹，时常会静静地坐在卡丹帝国的"首都"里，回味着自己经历过的往事。卡丹帝国的"首都"，位于巴黎澳诺丽大街28号，就它所处的位置来说，整个法国，再也找不到这样显赫的地方了。

卡丹总部门前是一条宽二十几米的马路，马路的斜对面，是法国总统府——爱丽舍宫。由于街道不宽，很少有汽车在这里行驶，卡丹几乎可以随时去拜访总统府。由此可以看出，他在法国的地位是多么受尊崇。

总部门旁有两座岗亭，四名守卫分站在两边，显得庄重、威严。守卫的穿着也是卡丹亲自设计的，是法国古代军队的衣装：一身明亮的盔甲，脚上穿着长筒靴。更引人注目的是他们的帽子，每顶帽子上都有一支半米多高的红缨。只要有风吹过，红缨便会飘拂起来，给守卫们增添了一份古韵和威风。

整个总部是一座旧式建筑，房屋是他20世纪30年代建造的，一扇红木制的大门显得特别的优雅、别致。虽然建筑看上去很陈旧，但却一点也没有破旧的感觉。

每年，卡丹都要花费很多钱来维修这座建筑，他喜欢这里，只要是在巴黎，他每天都会来到这里。就算是没有工作，卡丹也会来这里坐会儿。因为正是这座陈旧的建筑，见证了卡丹事业一步步地兴起。在这座建筑里，记载了卡丹帝国成长的每一步。

凭卡丹现在的实力，总部完全可以建成一座现代化的摩天大厦，里面进行最好的装修，装上最先进的设备。但卡丹并没有这么做，因为他本来就是一个感情丰富的人，对旧东西有种依依不舍的感情，而且由于年龄越来越大，他变得更加怀旧。所以，在卡丹的有生之年，这里应该不会再有新的变化了。

每天，卡丹进进出出的都是一座陈旧的楼房，而产生的却是超前的现代化思想。他已经摆脱了环境的影响，用自己最新的观念，美化着人们的生活。

在总统府的东侧，坐落着一座旧楼，那里就是卡丹居住的地方。楼房只有两层，也是几十年前建造的，有一个又窄又小的铁门。楼内的装修和设施都很陈旧，但卡丹很喜欢，因为这里是他的家。

卡丹从这个小铁门进出了几十年。每天，他都是步行上下班，从住宅区到卡丹总部大概需要5分钟的时间。对他来说，每次上下班都是一次愉快的户外活动，他曾经幽默地对朋友说："我的身体之所以这么健康，是因为每天下班我都走着回家。"

而每天在家里等卡丹回家的人，并不是卡丹的妻子或孩子，而是卡丹的姐姐。卡丹一生都没有结婚，虽然他和电影女明星莫罗之间一直相互爱慕，但卡丹认为爱情应该是自由的，而婚姻却束缚了这种自由。所以尽管他和莫罗经常在一起，却还是各自过着各自的生活。

卡丹的姐姐也没有孩子，她和丈夫离婚后，就一直住在卡丹这里。几十年来，姐姐住在楼上，弟弟住在楼下，每天早晚两人一起吃饭，过着清净的家庭生活。

白天，姐姐一个人在家。到了晚上，卡丹回来后，姐弟两人用意大利方言聊天。在家里，卡丹从来不会和姐姐谈论公司里的事情，他不想让那些烦心事扰乱姐姐清净的生活。

两个人在一起，经常谈论他们童年时候的事。童年虽然是很遥远的过去，但现在回想起来，总能让人感觉到一种淡淡的幸福。这两个远离家乡，在外地相依为命的姐弟，说起童年的幸福更是别有一番风味。

大多数的节假日，卡丹都会在家里陪姐姐。有时候，他会叫过来几个好朋友，一起在家里喝酒、聊天。每天傍晚，姐弟二人都会在社区的后花园里散步。虽然两个人的年龄都很大了，身体却都非常健康。

在卡丹居住的那座旧楼周围，是一片相当有规模的建筑群。因为在总统府旁边，楼群的高度受到限制，但建筑群看起来仍然非常有气魄。

这些建筑群，大多数都归属于卡丹帝国的势力范围。里面有PC品牌现代超级市场、PC时装专卖店、卡丹歌剧院、PC文化广场。从东北到西南，围绕总统府半面，都是经营卡丹产品的商家。如果再算上卡丹总部，卡丹的产业从三面包围了总统府。从法国总统府爱丽舍宫出来，满眼几乎只能看见一样东西，那就是PC品牌。

据卡丹所说，他自己也不是有意要这样做，这只能说是一个巧合。把自己的事业建立在总统府的墙外，对总统府形成了三面合围之势，在整个世界上，也只有这一例。

4. 走向未来

一般的老年人，特别是过了70岁，身体状况都会逐渐变差，然后在家颐养天年。但卡丹却不一样，他从来不会向岁月低头。或许，连上天都被这位才华横溢的大师给打动了，已经过90岁高龄的卡丹，仍然拥有一个健康的身体和一颗火热的心。

现在，卡丹每天都会关注新事物的出现，只要是对企业的发展有利，他便会把新事物学好、学透，然后运用到自己的事业上。

进入21世纪，随着因特网的普及，电子商务迅速崛起。特别是B2C商城出现以后，网络商城很快就成为很多商家和顾客的首选商场。B2C商城是指商家直接和顾客进行交易的网络平台，商家不需要租赁店铺，会节省很多成本；而顾客在网络上买东西，不仅节省时间，而且商品的比较和选择也很方便。

从电子商务崛起的那一刻起，卡丹就一直在学习关于因特网的知识。B2C商城经营模式一出现，卡丹立即把PC品牌推向了世界各大网络商城。由于卡丹帝国在世界上大多数国家都有比较稳固的根基，所以，卡丹这一政策推行得非常顺利。只要是网络普及的国家，都能够在网上见到PC专卖店。

最近几年，卡丹看到中国的网络市场已经成熟，开始筹划与中国的网络商家合作。2009年，首家卡丹服装旗舰店出现在中国网络商城上。在之后不到一年的时间里，365商城、淘宝商城等国内著名网络交易平台，都有PC品牌专卖店上市。

网络的迅速发展，也让卡丹对设计笔记本产生了兴趣。作为世界顶级设计师，除了服装外，他还涉足过很多行业。因为前卫的思想和简洁优雅的设计风格，每进入一个行业，他的设计都深受欢迎。

这一次也不例外，卡丹经过一段时间的努力，设计出了一种商务笔记本——PC819。PC819采用了全球首创的真皮工艺，和普通的笔记本相比，它的外形设计充满了时尚与尊贵的气息。

PC819的问世，给世界商务精英们带来了一种全新的体验。今天的社会，许多成功人士都在追求生活品位，而时尚与尊贵是高品位的代表。卡丹紧紧抓住这一点，为PC819设计了时尚的金属边框与尊贵的真皮外套。

自从上市以后，PC819的销量一直居高不下。可以看出，虽然卡丹已过了米寿之年，但他的思想、眼光、品位与设计仍然处于世界的最前沿。

当然，卡丹最出彩的设计依然是服装。很多人都以为只有年轻人才充满时尚气息，也只有年轻设计师才能创作出引领潮流的时装。而像卡丹这一代老设计师们，早就已经退居二线了。可谁也想不到，2010年的巴黎时装周，88岁的老卡丹带着他的时装团队，重新出现在舞台上。随着卡丹的出现，台下所有的观众都站起来鼓掌欢迎。此时他们的心情，不仅仅是激动两个词所能形容的。

在巴黎时装周期间，卡丹一共展出了250套时装，是时装作品展示最多的设计师。而且他的这些最新设计，再一次引爆世界时尚潮流，掀起了一股新的"卡丹热"。卡丹这种永远保持年轻心态的精神，值得我们所有人去学习。

老年的卡丹对中国一直念念不忘，提起中国，他脸上就会挂满笑容。中国留给他的回忆是温馨的，卡丹曾在记事本里这样写道：在中国人身上，我看到了友好与朴实。他们不仅给我带来了成功，也带来了欢乐。

自从来到中国后，卡丹就与中国结下了一种深深的缘分。这些年来，他不间断地造访中国，发展企业的同时，也带动中国服装业发生了翻天覆地的变化。在中国人心中，他俨然成为了最受欢迎和尊敬的时装大师。

卡丹最近一次来中国，已经是90岁的高龄。在几位中国老朋友的陪伴下，卡丹亮相北京水立方，在水立方举办了一场名为"光之城"的时装秀，共展示了上百套女装和几十套男装，全部是卡丹亲手设计的。在卡丹的指挥下，几十位名模完成了这场精彩的时装秀。

卡丹就是这样一位既不服输又不服老的人，他用自己的智慧，创造着一件又一件所有人都认为不可能完成的事……

几十年前，落魄的卡丹在法国维希遇见了一位和蔼的伯爵夫人，伯爵夫人告诉他，以他的才华，将来一定会成为服装业里的佼佼者，这是命运注定的。没想到，伯爵夫人的这一预言成为现实。只是卡丹并非服装业里的佼佼者，而是位于世界顶端的时装大师。原来落魄不堪、四处流浪的卡丹，现在已经成为一个商业帝国的领袖、全球时装界的风云人物。

他的足迹遍及五大洲，也把他的品牌和事业带到了五大洲。很多二战后的国家，迎来的第一位服装设计师就是卡丹。他就像位植树人一样，走到哪里都会播下时装的种子。

而且不仅是在服装业，卡丹帝国经营的行业多得数不胜数。从微小简单的打火机，到精密复杂的汽车、飞机；从普通的家具，到宏伟的摩天大厦；还包括手表、香水、巧克力、饮料……用的、吃的、喝的，几乎我们日常所用的一切，都包含在了卡丹帝国之中。

卡丹把这一切都融合到一个品牌里，它就是PC品牌。卡丹一生的时间都在设计、打造和拥护PC品牌，为PC品牌倾注了无数的时间和心血，让它一直稳居世界名牌之列。

除此之外，卡丹还以自己的名义开办了文化中心。文化中心包括电影院、歌剧院、绘画展厅等各种文艺场所，卡丹经常在文化中心发行一些自己创作的电影或音乐作品。

无论何时何地，卡丹从来没有放弃过对艺术的追求。这样一位精益求精的大师，获得过无数的荣誉。他曾数次摘得世界最著名的时装奖项——金顶针奖，被邀请为法兰西艺术学院院士，以及联合国授予他名誉大使的称号。

努力工作的卡丹，无形中也挣得了巨额的财产。他是法国的十大富豪之一，究竟拥有多少财产，没有人知道。其实，他自己也没有计算过。有人说8亿，有人说10亿，可这样一位著名的亿万富翁，一生都过着简单朴素的生活。

他住在一栋普通的旧楼房里，吃的是家常菜，穿的是自己做的衣服。外出时，他很少开私家车，总是乘地铁或步行。曾经有记者问卡丹，他的私人生活为什么过得那么平淡，卡丹回答："我喜欢这种简单的生活，在豪华和奢侈中，人们很容易迷失自己。"

生活平淡的卡丹，人生经历却充满了奇迹。通过几十年的奋斗，他为服装业，也为世界做出了巨大贡献。他以自己独特的风格，画出了一条精彩的人生轨迹。

今天的皮尔·卡丹，依然没有停下追求艺术的步伐。他继续挥动手中的笔，勾勒着人类的未来，努力为世界增添一份美丽的色彩。

附

录

皮尔·卡丹生平

皮尔·卡丹（Pierre Cardin）出生于1922年7月2日的意大利威尼斯近郊一户贫苦农家。在他14岁那年，便辍学在一家小裁缝店里当起了学徒。

17岁那年，皮尔·卡丹骑一辆破自行车，来到了法国维希，在一家男时装店当学徒工。后来，他又先后去了法国两个著名的时装店工作。从画图、裁剪、缝合、试样，全面学习制作高级服装的手艺。这就是刚刚踏入服装界的皮尔·卡丹。

1947年，皮尔·卡丹在迪奥公司担任大衣和西服部的负责人，迪奥曾是皮尔·卡丹的领路人。

1950年，掌握了高级服装设计剪裁技艺的皮尔·卡丹，用全部的积蓄，在巴黎里什庞斯街买下了"帕斯科"缝纫工厂，并租了一个店铺，独立开办自己的公司。

由于他敢于突破传统，大胆设计，以式样新颖、做工精细、质地华贵赢得了顾客的青睐，并很快成了巴黎著名的服装设计巨匠。由于巴黎是法国的时装中心，当时的皮尔·卡丹设计的时装，也同样影响着整个法国的时装行业。

1959年，皮尔·卡丹毅然提出了"成衣大众化"的口号，让他的服装能够穿在温莎公爵夫人身上，同时公爵夫人的侍卫也有能力购买。经过几十年的努力，皮尔·卡丹不仅在法国拥有上百家分店，而且在世界上近百个国家开设了分店。

皮尔·卡丹并不满足于他在服装业方面的成功，不知疲倦地开拓新的经营领域，他购买并经营了位于巴黎的马克西姆餐厅。除了设计时装，皮尔·卡丹还设计家具、灯具、装饰品、日常用品，甚至还有电脑、通讯电子、汽车和飞机造型等各个行业、各个种类的产品。

1978年，具有远见的皮尔·卡丹看准了中国市场的潜力，以极大的勇气，在北京和上海举办了个人时装展。在之后的几年里，中国服装市场在卡丹的推动下，获得了迅速发展。

皮尔·卡丹的成功不仅在于他不断开拓新的经营领域，还在于他热情地扩大服务对象。在皮尔·卡丹登上了美国《时代》杂志封面的那一年，人们对他的评论是："本世纪欧洲最成功的设计师。"

现在，在世界五大洲的80多个国家里，有600多家工厂在按照卡丹的设计，制造"卡丹"牌和"马克西姆"牌的各种产品。有5000多家"卡丹"与"马克西姆"专卖店，其年营业额已超过100亿法郎。其总资产估计已达到10亿美元。

皮尔·卡丹年表

1922年7月2日，出生在意大利水城威尼斯市。

1924年，全家背井离乡定居到法国格勒诺布尔市。

1929年，做了生平第一件衣服：小花裙。

1930年，全家搬到圣莱第昂。

1936年，中学辍学，在一家小裁缝店里做学徒工。

1939年，离开圣莱第昂，前往维希工作。

1945年，来到巴黎，在帕坎女式时装店开始了自己的"巴黎梦"。

1946年3月，来到夏帕瑞丽的店里工作。

1947年6月，进入迪奥公司，成为迪奥的助手。

1950年，离开迪奥公司，在里什庞斯街开办了自己的缝纫店。

1953年，第一次举办个人时装展，成为巴黎的一颗新星。

1954年，在圣君子旧区大街，开办自己的第一家时装店。

1958年，接受日本服装设计协会邀请，去日本讲学一个月。

1959年，提出"成衣大众化"口号，让时装产生了创造性的变革。

1959年10月，从法国政府手中取得了服装注册商标，创造了"Pierre Cardin"品牌。

1960年，率先推出男性服装，并开始生产大量男装成衣。

1968年，开始推广与服装无关的其他卡丹产品。

1981年，买下马克西姆餐厅。

1983年，为意大利罗马城的女警队设计制服。

1995年4月9日，参加法国国家服装服饰博览会开幕式，纪念来法国五十周年。

1995年12月19日，担任国际青年时装设计师大赛评委。

2009年，在中国知名B2C商城上，开展PC品牌电子商务模式经营。

2010年3月，设计商务笔记本PC819。

2010年10月，重返阔别10年的巴黎时装周，再次引爆世界时尚潮流。

2012年4月1日，在北京水立方举办个人时装秀。